JN151515

ミュージアムABCシリーズ

パリ自然史博物館（フランス）

ビジュアル博物館学 Curation キュレーション

水嶋英治・小川義和・中村 隆［編著］

国立科学博物館地球館（日本）

パリ自然史博物館（フランス）

ミラノ自然史博物館（イタリア）

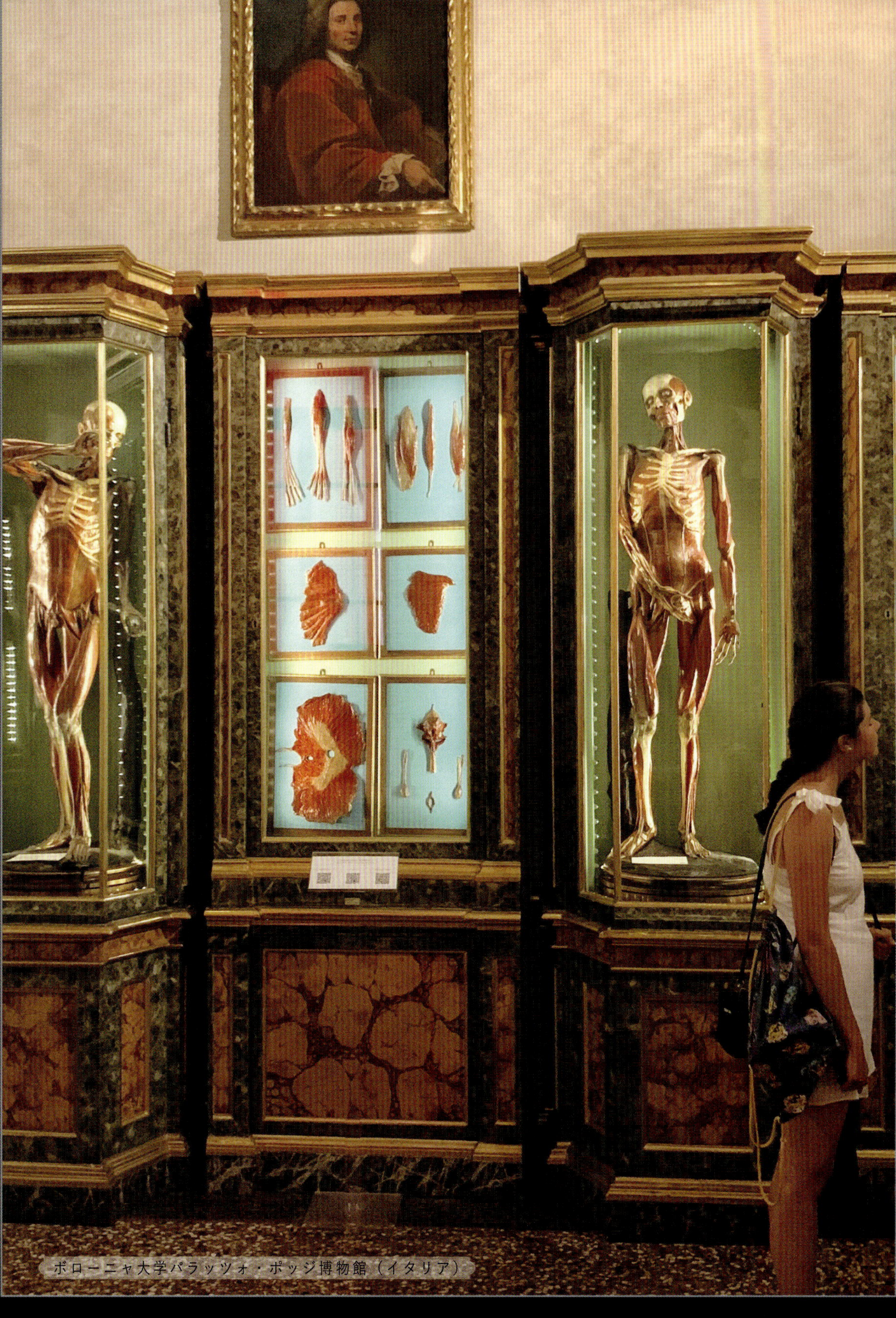

ボローニャ大学パラッツォ・ポッジ博物館（イタリア）

トレント自然科学博物館（イタリア）

©Goppion

ラ・ビレット科学産業都市（フランス）

© CSI

建築遺産博物館（フランス）

ケ・ブランリ美術館（フランス）

まえがき

この本を手にとってくれた読者のみなさん，ビジュアル博物館学へようこそ！

おそらく皆さんのなかには学芸員課程を履修し，将来，学芸員として博物館・美術館に勤務しようと考えている大学生が多いかもしれません。

このミュージアムABCシリーズのA巻はArtの美術系，B巻は基本のBasicです。そして，本書C巻は博物館業務の基本的考え方であるCuration（キュレーション）を中心にまとめました。

人々の知恵と知識の総力を結集し，気の遠くなるような作業を積み重ねながら，社会的な機関として創り出してきたのが，これから皆さんが学ぼうとしている「博物館」です。博物館を学問として研究しようという動きも半世紀から一世紀くらいの歴史しかありませんが，当時は現在のような体系も教科書もなく，教材も限られているなかで，先人たちが試行錯誤しながら体系化を図って学問体系をつくり上げてきました。これこそ，人類の知恵と情熱の結晶です。

伝えて伝わるものが知識，体のなかから湧いてくるものが知恵だとすれば，知恵は日常の生活や仕事上の経験を通じて身につく「技」という形で現れます。いっぽう，知識は，この教科書に記されているように，伝達することは可能ですが，本当に自分のものにしようとするならば，実習をきちんとこなし，先人から教えを乞い，先輩にどんどん質問し，1つひとつ確認していかなければ知識は身につきません。

博物館学は博物館実務を通して学ぶことが可能です。逆にいえば，実学は教科書の知識だけでは不十分ですので，そこに経験や知恵が加わることで，初めて本物の技が生まれます。今こそ必要なのは，学んでいこうとする意志であり，職業人としての倫理観です。意欲のある人はA巻もB巻も読破して，たくさんの知識を習得してください。1つの知識にこだわらず，多くの情報を横並びにしながら比較して，自分なりに1つひとつ確認していくことが大切です。

本書で取り上げた内容やトピックもその1つとして活用していただければ，私たち編著者たちの望外の喜びです。

2025年1月

編著者を代表して　**水嶋 英治**

博物館の素朴な 18 の疑問

本書で一緒に学ぶキャラクターたちが素朴な疑問を博物館キュレーターに聞いてみたよ。

Q1  **博物館には夜間も誰かいるの？『ナイトミュージアム』体験もある？**

A1　ファンタジー的コメディ映画『ナイトミュージアム』は，夜間に博物館の展示物が生き返るという設定の物語でなかなかおもしろい設定でしたが，実際の博物館の夜間はそのような状況ではありません。学芸員などのスタッフや警備員が夜間に働いており，展示物が動き出すことは絶対にありませんね。『ナイトミュージアム』では学芸員の仕事ぶりは描かれていませんが，その忙しさときたら，筆舌に尽くしがたいですね（経験者は語る）。現実には，警備員だけでなく展示会の前など徹夜で準備や研究に没頭している学芸員などのスタッフがたくさん働いていますが，やはり静まり返った深夜の博物館は怖いものですよ。

今日では，働き方改革の一環で，深夜残業しているスタッフはいない（昭和時代には当然のようにありました）と思いますが，なかには，ワークホリック（仕事の虫）といわれる自宅で本を読んだり，論文や解説文を書いている学芸員も実際にいますね。また，特別なイベントや企画展などで，夜間に博物館を開放することもありますが，それは通常の業務とは異なるものです。

Q2  **収蔵品を盗んだらどんな罪になりますか？**

A2　これはもう，明らかに窃盗罪ですね。実際，博物館の展示室から作品を盗み出すのはむずかしいと思いますが，かの有名なモナ・リザも盗難にあったことがあります。日本では刑法235条に基づき，10年以下の懲役または50万円以下の罰金に処せられるので，本当に重い罰が待っています。また，これが指定文化財であれば，同じく文化財保護法違反となり，さらに厳しい罰則が科されることになります。

国によっては，文化財窃盗で日本より重い刑に処せられることもあります。実際，文化財窃盗に対する厳しい罰則は各国の法律によって異なります。たとえば，サウジアラビアではシャリア法に基づいて厳しい刑罰が科されることがあります。シャリア法はイスラム教徒の生活全般を規定するもので，信仰，道徳，契約，商行為など，人間生活のあらゆる面にかかわります。イランでも同様に，イスラム法に基づいた厳しい罰則が存在します。仮に盗み出したとしても，国外に逃亡した場合には国際指名手配される可能性があります。博物館の収蔵品は，文化や歴史にとって非常に重要なものであり，その保護には厳重な措置が取られていますよ！

それだけではありません。盗掘も法律で厳しく禁止されています。日本では，文化財保護法に基づき盗掘行為は重罪とされており，厳しい罰則が科されます。具体的には，文化財保護法第108条に基づき，5年以下の懲役または30万円以下の罰金に処せられることがあります。盗掘は，文化財や歴史的遺産を破壊し，貴重な情報を失わせる行為です。そのため，盗掘行為は社会的にも大きな問題とされています。

文化財や遺跡を保護し後世に伝えるためには，適切な手続きと許可を得て調査や発掘を行うことが重要です。博物館や文化財の保護は，私たちの共有財産を未来につなげるための大切な取り組みですから，窃盗や盗掘をすることは厳に慎んで，いかに護るかを考えたほうがいいですよね。

Q3  触ってはいけないもの／触ってよいものがあるのはどうして？

A3 この質問は，博物館の世界ではとても大切な話なんですよ。というのも，収蔵されている資料は，後世に大切に守り伝えるために，触ってはいけないものが多いんです。なぜなら，触ることで手の油や汗などが資料に悪影響を与えてしまい劣化が進んでしまうことがあるからです。しかし，最近の博物館はただ見るだけじゃないんです。ある博物館には「さわれる展示室」という夢のような場所があって，昼休みになると展示品を触りにくるビジネスマンがいるという噂もあるくらいです。実際に体験しながら学ぶことができるのはすばらしいですよね。

それだけではなく，子どもたちの教育には五感や感性を磨くことも大事です。「触ってよい」ものと「触ってはいけない」ものをしっかり理解してもらうために，博物館教育も工夫されています。たとえば，触ってよいコーナーやハンズオン展示を用意して，子どもたちが実際に手で触れることで，より深く理解できるようにしています。

子どもたちが触ることで得られる感覚は，本や映像では味わえないものです。その触覚体験を通じて，文化や歴史をより身近に感じてもらうことができます。ですから，触ることができる展示と触ってはいけない展示の違いをしっかり教えることは，教育の一環として非常に重要です。

Q4  扱うにはちょっと怖いものを「お祓（はら）い」してから収蔵することはある？

A4 はい，実際にありますよ！　博物館の裏話の1つですね。災厄を除くためにお祓いをすることがよくあります。お祓いというよりも，魂を抜いておこうという考えのほうが強いかもしれません。これを「脱魂」といいます。「入魂」の反対ですね。とくに，宗教具や考古学的資料である「人骨」のような資料は，見た目も気持ちがよいものではありませんからね。たとえば，歴史的な刀や古代の墓から出土した遺物などは，いかにも何かありそうな雰囲気を醸し出していますよね。スタッフたちは，それらを収蔵する前に，お寺さんや神社さんに来てもらって，しっかりとお祓いしてもらうことがあります。神主さんが「エイ！エイ！」とお祓いの儀式をしている光景は，まるで映画のワンシーンのようです。

しかし，一部の研究者には，「そんなことを気にしていたら仕事にならない」と平気な顔で言う人もいます。彼らにとっては，資料がもつ歴史的価値が最優先なので，ちょっとやそっとのことでは動じないんです。彼らのタフさには本当に頭が下がります。

それでも，お祓いの儀式は文化や伝統に基づいたものであり，資料の扱いにおいても重要な役割を果たしています。たとえば，ある博物館では，古代の遺物を収蔵する際に，スタッフ全員が一斉にお祓いを受け，その後で慎重に取り扱うことを徹底しています。これも一種の儀式（セレモニー）であり，資料を尊重するための大切なステップです。

ちょっと怖いものがあるときは，やはり安心のためにお祓いをしてから収蔵することが多いですね。こうした伝統的な儀式を通じて，私たちは資料に対する敬意を表し，その大切さを再確認しているのです。脱魂と入魂，どちらも大事なんです。

Q 5  **どうして週明けを休館日にするところが多いの？**

A 5 博物館の週明けが「休館日」というのは，よくある疑問です。これにはいくつかの理由があります。まずは，来館者サービスの観点からです。週末に家族連れや観光客が多く訪れるため，土日を開館日としているわけですね。一般の官公庁が休みの土曜・日曜に博物館を開館しているため，月曜を休館日としている館が多いんです。

最近では無休の博物館も出てきましたが，ここで問題になるのが「累積照度」です。照明を作品にずっと当てておくと，累積照度（照度×時間）が作品に影響を与えるため，作品を休ませることも必要なんです。ずっと光にさらされていると，絵画や古文書などは色あせてしまいますからね。ですから，休館日を設けて作品をリフレッシュさせる時間をつくっているわけです。

また，現代の働き方改革の一環として，スタッフの休息を確保するためにも休館日を設けています。博物館のスタッフも人間ですから，しっかり休んでリフレッシュしないと，よい仕事はできません。学芸員たちも，次の展示の準備や新しいアイデアを出すためには，しっかり休むことが大切なんです。

さらに，休館日は展示替えやメンテナンスのためにも活用されます。新しい展示を設置したり，展示物をクリーニングしたりするためには，どうしても一般の来館者がいない時間帯が必要です。

これらの理由から，週明けの休館日はとても重要な役割を果たしています。だから，月曜の休館日をみたら「博物館の皆さんも休んでいるんだな」と思っていただければうれしいですね。博物館は人々に文化や歴史を伝える大切な場所ですが，スタッフも作品も適度な休息が必要です。

Q 6  **貴重な収蔵品を運ぶときはどうしているの？**

A 6　あの有名な「モナ・リザ」が日本に来たときの話は，まさに伝説的です。まず，もし飛行機が落ちても海中でも安全なように，防水の「ケース」に入れて運ばれたのです。しかも，そのケースには電波の発信機が取り付けられ，所在確認が常にできるようになっていました。まるでスパイ映画のようですよね。

そんな「モナ・リザ」だけでなく，ほかの貴重な収蔵品も同様に，運搬には厳重な管理が求められています。防水ケースや衝撃吸収材など，運搬には専門的な技術と設備が必要です。美術品や歴史的な遺物を守るためには，細心の注意が払われています。たとえば，重要な絵画や彫刻が国外に貸し出される際には，専用の車両や飛行機を使って運搬されます。これらの輸送手段は，温度や湿度を適切に管理できるように設計されています。そうしなければ，貴重な作品が損傷を受けてしまうかもしれませんからね。

さらに，運搬には専門のスタッフが付き添い，24時間体制で監視しています。これもまた，スパイ映画の一場面を思わせるような厳重なセキュリティ対策です。作品が目的地に無事に到着するまで，気を抜くことはありません。こうして，貴重な収蔵品は厳重な管理のもとで運ばれ，展示先の博物館で多くの人々に鑑賞されるのです。収蔵品の安全を守るための取り組みには，驚くべき技術と人々の情熱が詰まっているのですね。

Q 7  **偽物を価値のあるものとして展示していたら罰がある？**

A 7　いやぁ，これは大問題ですね。もし意図的に偽物を価値のあるものとして展示していたら，表示の偽装ということで罰せられる可能性が高いです。でも，心底正しいと思って展示したものならば，処罰にはならないでしょう。何年か前に旧石器偽装の問題があったのを覚えていますか？　ある博物館で旧石器として展示していたものがじつは偽物だったため，その表示を取り下げました。この件に関しては，処罰はありませんでしたが，一部では博物館の姿勢が問われ，信用を根底から失いました。博物館の信頼性は非常に重要であり，正確な情報提供が求められます。信用を失った博物館が信頼を回復するのには本当に時間がかかります。

博物館は，みんなが「ここに展示されているものは本物だ」と信じているからこそ成り立っている場所です。もし偽物が展示されているとわかったら，それだけで「ほかの展示物も偽物なのでは？」と疑念を抱かれてしまいますよね。

だからこそ，学芸員たちは毎日必死になって，本物かどうかを確認し，展示物に対する信頼を維持しています。展示物の裏側には，そんな努力が詰まっているんです。そして，子どもたちが展示物を見たときに「これは本物だ」と感じられるように，博物館教育も大切です。たとえば，特別な展示や体験型のプログラムを通じて，子どもたちが実際に手を触れたり学んだりすることで，文化や歴史に対する興味を引き出す工夫がされています。

展示物がレプリカ（模造品）であったとしても，それを正しく伝えることで，逆に教育的な価値を見いだすこともできます。たとえば，レプリカを通じて「なぜレプリカが作られたのか」「どうして偽物は本物と間違えられたのか」といった疑問を投げかけ，歴史や文化の複雑さを学ぶきっかけとするのです。たとえ展示物が「複製品」であっても，「複製品」と表示しておかなければ，やはり博物館の姿勢が問われることになるでしょう。

Q8  **意見や署名を集めれば，海外の展示物も巡回してくれるの？**

A8 もちろん，博物館に意見することはできます。ただし，門外不出のものもありますから，すべての展示物を引っ張り出すのは一筋縄ではいきません。たとえば，署名を集めて「ロゼッタ・ストーンよ，日本に来てくれ！」なんてお願いするのも夢ではないと思います。ただ，これにはちょっとした交渉力が必要ですね（政治力と金力も）。

やはり「地獄の沙汰も金次第」という言葉があるように，財政上の問題も大きいのが実際です。展示物を運んだり保険をかけたりするには，かなりのコストがかかりますから。署名を集めただけで世論や博物館を動かすのはむずかしいかもしれません。でも，仮に署名を集めて，日本国民がどれだけ文化に関心があるかをアピールできれば，海外の博物館側も考慮してくれるかもしれません。

ここでおもしろいのは，署名運動が成功すると，実際にその展示物が巡回してくれる可能性があるということです。たとえば，友人たちと一緒に「ロゼッタ・ストーンを日本に！」というキャンペーンを始めてみてはどうでしょうか。たとえ実現がむずかしくても，みんなでワクワクしながら目標に向かって動くこと自体が楽しいですよね。

博物館の世界は奥深く，ちょっとしたアイデアや情熱が実現につながることもあります。ですから，何事も諦めずに挑戦してみる価値はあります。文化や歴史にふれる機会を増やすためには，みんなの力が必要です。もしかしたら，未来の博物館展であなたのアイデアが実現しているかもしれませんよ！

Q9  **どうして博物館は暗いの？**

A9 ああ，これはよくある質問ですね。「もっと明るくしてくれ！」なんて声も多いんですよ。でも，実際のところには理由があるんです。博物館と美術館では，照明に関する考え方がちょっと違っています。美術館の場合，展示作品に集中して鑑賞してもらうために，来館者のいる空間を暗くして，作品側だけに照明を当てることが多いです。これにより，作品が一際目立つように工夫されています。つまり，光の魔法でアート作品が浮き上がるように見せているわけですね。

その一方で，博物館はちょっと違います。たとえば，水墨画や浮世絵といった光に弱い資料が多くあります。これらの資料は，強い光に当たると色あせてしまうんです。脆弱性が高いので，照度を落として展示する必要があります。だから，博物館が少し暗いのは，貴重な展示物を守るための工夫なんですよ。ちょっと薄暗いかもしれませんが，それでも展示物に与える影響を最小限にするためには大事なことなんです。しかし，暗い展示室にもロマンがありますよね。光の加減で歴史的な遺物が浮かび上がって見えると，まるで過去の時代にタイムスリップしたかのような気分になることも。そう考えると，暗さもまた１つの演出といえるかもしれません。

Q10  **もし収蔵品を壊してしまったらどうなるの？**

A10 いやぁ，これは絶対に避けたいシナリオですね。でも，万が一，収蔵品を壊してしまった場合，どうなるのかといいますと，まずは弁償が必要です。法律的には器物損壊罪となり，日本では刑法261条に基づき，３年以下の懲役または30万円以下の罰金に処せられます。場合によっては，高額になることも。

さらに，それが国宝や重要文化財などの指定文化財であった場合は，事態はさらに深刻です。文化財保護法違反となり，同法第107条に基づき，５年以下の懲役もしくは禁錮または30万円以下の罰金に処せられることになります。収蔵品の取り扱いには細心の注意が必要ですし，破損した場合には法的な責任が伴います。

とはいうものの実際のところ，博物館のスタッフは収蔵品の取り扱いにとても気を使っています。展示物を移動させるときやクリーニングするときには，白い手袋をはめて慎重に扱い（あえてはめない場合もあります），少しのミスも許されません。そのため，壊れることはほとんどありませんが，万が一のことを考えるとドキドキしますよね。たとえば，展覧会の設営中に展示台から貴重な花瓶が転がり落ちてしまったら…，想像しただけでも冷や汗が出ます。でも，大抵の場合，学芸員たちは鋭い反射神経と経験豊かな手つきで，未然に防いでくれます。また，収蔵品の破損を防ぐために最新の技術が活用されているんです。特殊な保護ガラスや衝撃吸収材など，展示品を安全に守るための工夫がたくさんあります。まるで博物館全体が１つの大きなセーフティーネットのようです。

ですから，収蔵品を壊してしまうことは非常に稀ですが，もしもの場合は法律に基づいた厳しい罰則が待っています。そうなる前に，収蔵品を大切に扱うことの重要性を改めて認識することが大切ですね。どんなにすばらしい展示物でも，一度壊れてしまうと元には戻せませんから，「覆水盆に返らず」と肝に命じておきましょう。

Q11  **価値がある収蔵品とはどのようなもの？**

A11 価値がある収蔵品とは何か，これは非常に興味深い問いですね。法律的な意味では，学識経験者などによる評価委員会がその価値を定めることが一般的です。評価委員会のメンバーは，専門的な知識と経験をもつ人々で，彼らの判断により収蔵品の価値が決まります。しかし，モノとしての価値は，それだけでは決まりません。オランダの博物館学者ピーター・ファン・メンシュは「記録価値（ドキュメンタリーバリュー）のないものは価値なし」といっています。つまり，収蔵品にはその背景や情報が非常に重要だということです。

たとえば，単なる古い壺であっても，その壺がどの時代につくられ，どのような用途で使われていたのか，そして誰が使っていたのかといった情報が豊富であれば，それは非常に価値がある収蔵品となります。逆に，どれだけ美しいものであっても，そういった背景情報がなければ，その価値は限られてしまいます。価値をつくるのはある意味で学芸員の仕事であるわけですから…。

また，収蔵品の価値はその歴史的背景や文化的意義によっても評価されます。たとえば，有名な画家が描いた絵画や歴史的な出来事に関連する遺物などは，それ自体の美しさだけでなく，その背後にある物語が収蔵品の価値を高めています。さらに，収蔵品の状態も価値に大きく影響します。保存状態が良く，オリジナルの状態を保っているものは高く評価されることが多いです。そのため，博物館では収蔵品の保護と保存に細心の注意を払っています。

こうしてみると，価値がある収蔵品とは，単に物理的なものだけではなく，その背後にある情報や歴史，文化的意義が詰まったものだといえます。それぞれの収蔵品には，時代を超えた物語が隠されているのです。

Q12  **「博物館の定義」ってあるの？　誰が決めるの？**

A12 博物館の定義について知りたい？　そういう質問が出てきたこと自体，あなたはプロの道を歩み始めていますね。それはともかく，これはとても重要な質問です。ICOM（イコム）（国際博物館会議）では，博物館を「社会とその発展に貢献するため，人間とその環境に関する物的資料を研究，教育および楽しみの目的のために取得，保存，伝達，展示する，公開の非営利的常設機関」と定義しています。なんだかむずかしそうな言葉が並んでいますが，要するに「博物館は社会のために文化や歴史を守りつつ，みんなが楽しんで学べる場所だよ」ということです。この定義は，国際社会における専門家集団で決めます。いうなれば，民主主義で定義を決めるわけですね。

日本では博物館法によって定義されていますが，国や時代によってその定義は微妙に変わることがあります。たとえば，昔の博物館は「カビくさいところ」「珍しいものを集めて見せびらかす場所」「倉庫」なんてイメージもありましたが，現代ではもっと公共の利益を追求するための重要な機関となっています。

博物館は，本当に奥が深いですよね。単なる展示物の倉庫ではなく，私たちが過去から未来へとつながるための架け橋なんです。学芸員たちは，展示物の管理だけでなく，その背後にある物語を掘り起こして，来館者に伝える使命をもっています。その仕事はまるで歴史探偵のようで，毎日が新しい発見の連続です。

また，博物館は教育や研究の場としても重要な役割を果たしています。学校の授業ではなかなか学べないような深い知識を提供し，学生たちにとっては貴重な学びの機会となっています。そして何より，博物館は楽しい場所でもあります。大人も子どもも楽しめる展示やワークショップが盛りだくさんで，まさに「知識と楽しさの宝箱」ですね。だからこそ，博物館の定義は一言ではいい表せないほど多岐にわたるのです。いろんな国や時代によって，その目的や役割も変わるけれど，基本的には文化や歴史の保存と教育を目的とする公共の利益を追求する機関といえます。

Q13  博物館級のモノを掘り出したら，買い取りはしてくれる？

A13 これは，誰もが夢見るシナリオですよね。「掘り出し物を見つけた！」と叫びたくなる気持ち，わかります。でも，現実はちょっと厳しいんです。今日の日本の博物館は，残念ながら金欠病に陥っています。展示物を購入する資金力がないんです。寂しい話ですよね。

日本博物館協会の調べによると，資料購入予算が０円の博物館が50%もあるんです。つまり，多くの博物館が限られた予算のなかでなんとかやりくりしているわけです。

それでも，文化財保護法により，埋蔵品を見つけた場合には警察署に届け出をしてから発掘する必要があります。発掘の費用は見つけた人が払うことになりますが，その後の保存や展示に関しては博物館が協力してくれることが多いです。博物館は財政的な制約があっても，貴重な資料を収集しようと努めています。だから，もしあなたが博物館級のモノを掘り出したら，それを博物館に寄贈するという選択肢もあります。寄贈することで，その資料が専門家の手で適切に保存・展示され，次世代に受け継がれていくのを見守ることができるのです。自分の発見が博物館の一部になるなんて，ちょっとロマンチックですよね。

財政的な問題はありますが，博物館はいつでも新しい発見に対してオープンな姿勢をもっています。だからこそ，掘り出し物を見つけたときは，その価値を認めてもらえる可能性は十分にあります。探検家の心をもち続けて，すばらしい発見をしてみてください！

Q14  **収蔵品が気に入ったら売ってもらえる？**

A14　これはよくある質問ですが，答えは残念ながら「基本的には無理」です。博物館の収蔵・展示物は，国民の財産ですから，個人が購入するのはむずかしいんです。ですので，考えないほうがよいでしょう。確かにアメリカの博物館では，同じ資料が複数ある場合に限って，規定に照らし合わせて売却処分や等価交換することもあります。しかし，日本の博物館では，そのようなことはほとんどありません。これは，貴重な文化財や歴史的な遺産をしっかりと守るためです。

でも，がっかりしないでください！　気に入った展示物があれば，ミュージアムショップで複製品を購入することをお勧めします。ミュージアムショップには，展示物をもとにしたすばらしいグッズがたくさんあります。たとえば，有名な絵画のポスターやレプリカ，オリジナルデザインの文具やアクセサリーなど，いろいろなアイテムが揃っています。

ミュージアムショップで買ったグッズをお土産にすれば，その博物館を訪れた思い出がいつまでも手元に残りますよ。博物館の収蔵品を自分の家に持ち帰ることはできませんが，ミュージアムショップのグッズを楽しむことで，文化や歴史に対する興味を深めることができます。ですから，博物館を訪れたら，ぜひミュージアムショップに立ち寄ってみてください。思いがけない宝物が見つかるかもしれませんよ！

Q15  **館内でボールペンを使ったら注意されたけど，どうしてダメなの？**

A15　博物館や美術館では，収蔵品や展示物の保護が最優先事項とされています。そのため，館内でボールペンの使用を禁止する理由は，以下のような学術的かつ実践的な要因に基づいています。

まず，ボールペンや万年筆のインクは，万が一にも飛散する危険性があります。インクが飛び散ると，貴重な資料や展示物に付着し，修復不可能な損傷を引き起こす可能性があります。とくに，紙や布地の資料はインクを吸収しやすく，一度汚染されるとその修復はきわめて困難です。

また，ボールペンの使用は，物理的な力を伴います。書く際にペン先が紙やほかの資料に圧力をかけることで，微細な傷や摩耗を引き起こすことがあります。展示物の保護には，できる限り物理的な接触や圧力を避けることが重要です。さらに，博物館や美術館の環境は，特定の温湿度条件を維持する必要があります。インクに含まれる化学物質が揮発し，展示物や収蔵品の保存環境に影響を与える可能性もあります。これにより，資料の劣化が進むことを防ぐため，ボールペンや万年筆の使用を控えることが推奨されています。

このような理由から，博物館や美術館では鉛筆の使用が推奨されています。鉛筆はインクのような飛散リスクがなく，物理的な圧力も比較的少ないため，資料への影響を最小限に抑えることができます。

博物館の基本方針は，収蔵品や展示物を後世にわたって保護しつづけることにあります。そのため，来館者には可能なかぎりの協力をお願いしています。これは，文化遺産を守るための大切な取り組みであり，理解と協力を求められるものです。

Q16  収蔵品はどうやって集めているの？

A16 さて，博物館の収蔵品がどのように集まるか，その裏話をお聞かせしましょう。単刀直入にいえば，金の力が大きな役割を果たしています。懐かしき1990年前後の日本のバブル時代，海外からヒンシュクを買いながらも，貴重な収蔵品を次々と集められたのは，まさにお金の力！　バブルの魔法でどんな珍品も手に入れたわけです。

昔はちょっと荒っぽい手段もありました。たとえば，戦争による略奪なんて方法もありましたが，もちろん，現代ではそんな行為は許されません。ある博物館学の先生によると，「蒐集（しゅうしゅう）」という言葉は草冠に「鬼」と書きます。つまり，草の根を分けても探し出す鬼気迫る心構えを意味しているんですね。まるで鬼のような執念で探し回る姿が想像できます。

もちろん，収蔵品を集める手段はそれだけではありません。地域の人々やコレクターからの寄贈も大きな役割を果たしています。たとえば，おじいちゃんが家の片隅で見つけた古びた壺や，古民家の屋根裏や土蔵に眠っていた骨董品が，博物館の展示に並ぶこともあるんです。

寄贈品のなかには驚くべき発見もあります。たとえば，「こんなものが家の物置にあったんだけど，なんだかよくわからなくて」ともち込まれたものが，じつは歴史的に非常に重要なものであったりすることも。寄贈者もビックリ，博物館スタッフもビックリのダブルの驚きです。

だからこそ，博物館にはいろいろなルートで収蔵品が集まるんですね。草の根を分けて探す執念，地域の人々の協力，そして何より，博物館スタッフの情熱が収蔵品の背後にあります。次に博物館を訪れた際には，この収蔵品がどんな冒険を経てここにたどり着いたのか，想像してみるのも楽しいかもしれませんよ。

Q17  自分で博物館を開くことはできる？

A17 日本の法律では個人で博物館を開設することは可能ですが，それにはいくつかの条件と法的な手続きが必要です。単に自分の家の表札を「ブルータス博物館」として掲げても，法律的には正式な博物館とは認められません。本当に正式な博物館として運営するためには，いくつかの条件を満たす必要があります。まず，法律的には，博物館を社会とその発展に貢献するため，人間とその環境に関する物的資料を研究，教育および楽しみの目的のために取得，保存，伝達，展示する，公開の非営利的常設機関と定義しています。この種の定義に基づいて，正式な博物館として認められるためには，いくつかの基準を満たすことが求められます。

まず，博物館は非営利目的で運営されなければなりません（原則論）。つぎに，学術資料を常設で展示し，広く一般に公開することが求められます。収蔵品を適切な環境で保管するための収蔵庫が必要であり，博物館学の専門知識をもつ学芸員が必要です。彼らが資料の収集，保管，展示を担当し，博物館は社会教育機関として教育プログラムや普及活動を行うことが求められます。

以上の基準を満たしたうえで，行政上の手続きを経ることで，正式な博物館を開設することができます。個人で博物館を開設することは可能ですが，法的な手続きや基準をクリアするためには，かなりの準備と努力が必要です。

Q18  **収蔵品の持ち主は誰？**

A18 収蔵品の所有権や著作権については，法的な規定がしっかりとあります。基本的に，博物館が収蔵していれば，その収蔵品は博物館のものです。これは博物館が購入したり寄贈を受けたりした場合に適用されます。ただし，寄託されている収蔵品の場合は話が別です。これは寄託者が所有権をもっているので，展示中でも「返してくれ」と言われたら，ちゃんとお返ししなければなりません。博物館って，案外律儀なんです。

また，著作権に関しても興味深いポイントがあります。作者が亡くなってから70年が経つと，その作品の著作権はなくなるので，博物館は自由にグッズをつくれるようになります（著作権法第51～54条）。たとえば，有名な画家の作品が著作権切れになると，その絵を使ったポストカードやＴシャツがたくさん販売されるんですよ。これにより，博物館は収益を上げ，その収益を新たな収蔵品の購入や展示の充実に充てることができます。いっぽうで，自然史の博物館は扱うものが数百年から数億年前のものばかりなので，著作権なんて気にする必要はありません。「この恐竜の骨，僕のひいおじいちゃんが発見したんだ！」なんてクレームが入ることはまずないですね。

このように，収蔵品の所有権や管理については法的な規定がしっかりとあります。それに基づいて博物館は運営されています。博物館が収蔵品を大切に管理し，一般に公開することで，私たちは歴史や文化にふれることができるのです。

■博物館とキャラクター

さまざまな博物館で，オリジナルのキャラクターをつくっています。自治体などでキャラクターをつくるのと同様，子どもから大人までの幅広い年代の人に博物館に興味と親しみをもってもらうために，キャラクターは欠かせない存在になりつつあります。博物館でつくられるキャラクターには大まかに分けて2つのパターンがあり，1つは館全体を代表する公式キャラクターで，もう1つは企画展示や特別展示ごとにつくられるキャラクターです。公式キャラクターは文字どおり博物館の「顔」として，常設展示や広報誌，ウェブサイトなどのさまざまな場面で用いられます。企画展示ごとのキャラクターは，テーマとなる生物などがモチーフとなり，展示室では吹き出しでワンポイント解説を喋らせるなど，展示のナビゲーターを担わせることが多くあります。「むずかしそう」「なじみがない」と思われがちなテーマであっても，キャラクターがポスターや展示室に存在することで柔らかい雰囲気をつくり出すことができます。

2010年からはインターネット上で全国の博物館キャラクターに投票することができる「ミュージアムキャラクターアワード」も開催されており，博物館キャラクターは存在感をより増しているように思われます。

［鵜沢美穂子］

■キャラクター紹介

本書のキャラクターたちも，ミュージアムパーク茨城県自然博物館における「石」「変形菌」「身近な動物」をテーマにした企画展示（https://www.nat.museum.ibk.ed.jp/exhibits/special/past.html）のときにつくられました。本書で読者の皆さんと一緒に学んでいきますのでよろしくね！

ざくろ ➡ ザクロ石：ときめく石―色と形が奏でる世界―

すい ➡ 水晶：ときめく石―色と形が奏でる世界―

クリヴィ ➡ クモノスホコリ：変形菌―ふしぎ？かわいい！森の妖精―

ステモニー ➡ ムラサキホコリ：変形菌―ふしぎ？かわいい！森の妖精―

はつか ➡ ハツカネズミ：くらしの中の動物―嫌われものの本当のすがた―

もすきー ➡ ヒトスジシマカ：くらしの中の動物―嫌われものの本当のすがた―

［キャラクターデザイン：©なかざとあきこ］

目　次

まえがき　*1*

博物館の素朴な18の疑問　*2*

序　章　自然史系博物館と理工系博物館とは—キュレーションとは何か —— 17

1　自然史系・理工系の博物館の役割　*17*
2　キュレーションとは何か　*19*

第1章　よりよい博物館のあり方とは —— 23

1　博物館のイメージ　*23*
2　「博物館行き」が魅力的　*23*
3　博物館学とは—博物館論理学と博物館実践学　*24*
4　科学系博物館における博物館学とは　*25*
5　博物館学の対象範囲　*27*

第2章　資料論 —— 30

1　自然史系・理工系博物館が取り扱う資料　*30*
2　標本とは何か　*32*
3　標本管理の重要性　*33*
4　標本の保存と課題　*35*

第3章　教育論 —— 37

1　博物館の教育的役割　*37*
2　教育活動の事例紹介　*38*
3　アウトリーチキットで学校の学びとつながる　*41*

第4章　コレクション論 —— 42

1　科学史・産業技術史コレクションの役割　*42*
2　理工系博物館の種類　*44*

第5章　展示論 —— 47

1　自然史系の企画展示—企画・設計・運営までのつくり方・キュレーション　*47*
2　理工系の企画展示—実験型・体験型展示とキュレーション　*53*

特論1　理工系博物館の学芸員の仕事 —— 61

1　「ミス・ビードル号」の復元模型製作のプロジェクト　*61*
2　特別展「映像技術で魅せる科学技術」のプロデュース　*63*

第6章　経営論 —— 65

1　非営利組織の経営　*65*
2　使命・目標・計画　*66*
3　博物館のヒト，モノ，カネ　*67*
4　博物館を支える組織とヒト　*68*
5　博物館の役割を再確認するための職業倫理規程　*70*

第7章　調査研究論 —— 74

1　博物館における調査研究の意義　*74*
2　自然史系博物館における調査研究—基盤的な調査研究と領域総合的な調査研究　*75*
3　理工系博物館における調査研究　*75*
4　外部資金による調査研究活動　*76*
5　外部の研究者・市民との連携　*77*
6　調査研究の公表・発表　*79*
7　調査研究と社会とのコミュニケーション　*79*

特論2　「博物館学を学ぶために」おススメ本10選 —— 82

第8章　資料保存論 —— 88

1　標本学　*88*
2　自然史資料の保存と展示　*92*
3　自然史資料の収蔵環境　*97*

第9章　情報メディア論 —— 99

1　情報提供の方法　*99*
2　オープンサイエンス　*103*

第10章　博物館史 —— 108

1　世界の科学技術博物館の歴史　*108*
2　日本の科学系博物館の発展史　*112*

第11章　建築論 —— 119

1　建築遺産の展示価値　*119*
2　建築遺産と博物館　*120*
3　歴史的建築物の価値　*121*
4　博物館化の定義　*122*
5　博物館学と文化遺産学　*123*

第12章　1館まるごと事例研究 —— 125

1　国立科学博物館　*125*
2　ミュージアムパーク茨城県自然博物館　*134*

第13章　博物館実習 —— 140

1　理工系博物館での実習内容　*140*
2　ある実習生の実習日誌　*142*

特論3　理工系・自然史系の博物館員をめざす人へ —— 145

1　理工系博物館で働くための勉強法　*145*
2「命」をどのように捉えて学芸員は提示・表現するか　*146*

デジタル遺産の保護に関する憲章　*148*
デジタルアーカイブ憲章　*150*
デジタル形式を含む記録遺産の保護及びアクセスに関する勧告　*151*

■口絵写真の解説

口絵Ⅰ　（上）古生物学・比較解剖学展示館の中央に立つ彫刻家シャステル作の象徴的な筋学の科学的資料（パリ自然史博物館，フランス・パリ）。
（下）野生動物の姿を保存・管理する「大地を駆ける生命」の剥製標本群の展示（国立科学博物館地球館，日本・上野）
口絵Ⅱ-Ⅲ　古生物学・比較解剖学展示館に陳列される恐竜の大型骨格標本（パリ自然史博物館，フランス・パリ）
口絵Ⅳ　海に棲息する生物の大型骨格標本（ミラノ自然史博物館，イタリア・ミラノ）
口絵Ⅴ　医学研究用の蝋人形（パラッツォ・ホッジ博物館，イタリア・ボローニャ）
口絵Ⅵ　（上）さまざまな角度から観察できる剥製標本（トレント自然科学博物館，イタリア・トレント）
（下）サイエンスアートを取り入れた第三世代と呼ばれる科学博物館（ラ・ビレット科学産業都市，フランス・パリ）
口絵Ⅶ　ランス・ノートルダム大聖堂から移設された「微笑の天使」（建築遺産博物館，フランス・パリ）
口絵Ⅷ　透明変形展示ケースのなかのアフリカ民族資料（ケ・ブランリ美術館，フランス・パリ）

自然史系博物館と理工系博物館とは─キュレーションとは何か

1　自然史系・理工系の博物館の役割

博物館には歴史博物館や美術館，自然史博物館，科学技術館など多種多様なものが存在する。ここでは，全体像を把握するために，自然史系の博物館と理工系の博物館について概観してみよう。

自然史系博物館は，地球上の生物や自然現象に関する展示を行う施設である。展示物には動物，植物，鉱物，化石標本などが含まれており，これらを通じて生物の多様性や進化の歴史，地球の自然現象の仕組みを理解することができる。また，化石や標本の展示では過去の生物の歴史を知ることができ，最新の化石発掘技術や生物の進化に関する最新情報も提供される。さらに，地質学に関する展示では，地球の歴史や自然災害の歴史も学ぶことができる。自然史系博物館は，自然界の複雑な仕組みを理解し，自然についての知識を広める役割を果たしているのである。

国立自然史博物館（フランス）　グランドギャラリー（上左）・地質標本館（上右）・古生物学博物館（下左）・古生物学博物館に展示されている標本（下右）

いっぽう，理工系博物館(科学技術系博物館とも呼ばれる)は，現代の科学技術やその歴史に関する展示を行っている。科学技術の発展に伴う社会生活への影響や，新しい技術や発明の誕生過程を学ぶことができる。科学館では，物理学，天文学，医学，生物学など，さまざまな分野の科学技術に関する展示が行われている。これにより，科学技術の発展の歴史や最新の研究内容を理解することができる。たとえば，物理学や天文学の展示物には，古代から現代までの天文学の歴史や物理学の法則が展示されており，最

この本では，自然史系と理工系の博物館を中心に学んでいくんだね。

新の天体観測技術や宇宙探査の最新情報も提供される。また，医学や生物学の展示物では，医療の歴史や生物の多様性や進化の歴史が紹介され，最新の医療技術や生物工学の情報を学ぶことができる。

科学技術博物館では，交通機関やエネルギーなどに関する展示が行われている。交通機関の展示物では，古代から現代までの交通機関の歴史や最新の交通技術，未来の交通技術に関する予想が紹介される。エネルギーの展示物では，古代から現代までのエネルギーの歴史や最新のエネルギー技術，未来のエネルギーに関する情報が展示されている。

ガリレオ博物館（イタリア・フィレンツェ） 科学技術博物館として世界的に有名な博物館の１つである

これらの博物館は，歴史と最新科学の両方を比較し，科学技術や自然界の発展について深く理解するための場所である。最新の展示物を見ることで，未来の発展を予測することも可能である。博物館は，知識を広め，理解を深めるための重要な役割を果たしている。

自然史系博物館にしろ，理工系博物館にしろ，博物館の役割は，ばらばらな状態にある資料や情報を一定の秩序にしたがって「組織化」「体系化」することである。展示の考え方には，時間軸（歴史的）または空間軸（地理的）で展開する２つの方法があり，時として「比較」という手法も使われる。たとえば，科学技術史的な展示では，古代から現代までの科学技術の発展を追って展示物を配置することで，来館者に「歴史の連続性」を理解させることができる。また，地理的な展示では，異なる地域の文化や風習を空間的に把握することによって，文化の多様性や共通点を示すことができる。これによって，来館者は異なる視点から資料を理解し，より深い洞察を得ることができるのである。

展示物によって歴史的な見方や地理的な見方，比較など手法のちがいがあるんだね！

博物館は，単に資料やコレクションを展示するだけでなく，それらを通じて来館者に教育的な価値を提供することも重要な役割である。たとえば，自然史系博物館では，恐竜の化石を展示するだけでなく，それらがどのように発見され，どのような生態系のなかで生きていたのかを解説することで，来館者に科学的な知識

を提供する。また，理工系博物館では難解な科学技術を学芸員と来館者とがコミュニケーションを通して，科学技術を理解し，次世代に伝える役割も果たしている。こうした博物館の教育活動によって，博物館は地域の文化的な中心としての役割を担い，社会全体の文化的・教育的な発展に寄与している。

ラ・ビレット科学産業都市のなかにある「子どもの国」 建築現場で体験をする子どもたち

2　キュレーションとは何か

（1）キュレーションの定義

博物館法で規定されている「学芸員」は，英語ではキュレーター（curator）と呼ばれている。収蔵品やコレクションをもとに特別展示や展覧会を構成する専門職である。歴史博物館や美術館だけでなく，自然史系・理工系の博物館でも活躍している。収蔵品や資料を整理・体系化し，利用者に提供するかを考える役割を担っている。読者のなかには，「キュレーション」ということばを聞いたことがある人もいるだろうが，ここではこのキュレーションについて簡潔にふれておきたい。

『博物館概論』*A Companion to Museum Studies*, Sharon Macdonald 編, Blackwell Publishing, 2006.

「キュレーション」という用語は，1994年の博物館学文献目録には登場していない。2006年に出版された『博物館概論』にようやく登場する。

日本では，2010年代になると佐々木俊尚による『キュレーションの時代「つながり」の情報革命が始まる』や，長谷川裕子の『キュレーション　知と感性を揺さぶる力』などの書籍で「キュレーション」という用語が紹介されるようになった。これらの書籍では，キュレーションの概念やその重要性について詳しく解説されており，現代社会における情報の整理と発信の手法としてのキュレーションの役割が強調されている。

佐々木俊尚『キュレーションの時代「つながり」の情報革命が始まる』筑摩書房，2011年。

長谷川裕子『キュレーション　知と感性を揺さぶる力』集英社，2013年。

キュレーションとは，さまざまな情報やコンテンツから特定のテーマや要素を選び出し，展示や情報発信することである。一般的には，美術展や映画祭などの芸術文化分野での用語として知られているが，近年ではインターネット上やSNS（ソーシャルネットワークサービス）などでも広く使われるようになっている。たとえば，SNSではユーザーが自分の興味や関心に基づいて情報を「収集」し，それをフォロワーに共有する行為もキュレーションと呼ばれている。このように，キュレーションは情報の整理と発信の手法として，さまざまな分野で重要な役割を果たしているのである（詳しくは，第5章を参照）。

（2）キュレーションの具体的事例

たとえば，歴史系の博物館では，縄文時代から現代までの日本の歴史を時間軸に沿って展示している。こうした展示では，各時代の代表的な遺物や工芸品が展示されており，来館者は日本の歴史の流れを視覚的に追体験することが可能である。

また，空間的な広がりの展示としては，世界の民族衣装を地域ごとに展示することで，文化の多様性を示している。このような展示は，来館者に異なる文化や歴史を理解させるだけでなく，異文化への興味や関心を喚起する役割も果たしている。

もう1つの例をあげるならば，ロンドンの大英博物館では，エジプトのミイラやギリシャの彫刻など，世界各地の歴史的記念物を展示している。これらの展示は，来館者に異なる文化や時代の生活様式や信仰を理解させるだけでなく，歴史的な出来事や人物についての知識を深める機会を提供している。また，ニューヨークのメトロポリタン美術館では，特定のテーマに基づいた特別展が定期的に開催されており，たとえば「中世の騎士と武具」や「ルネサンスの芸術家たち」といったテーマで，来館者に深い洞察を与える展示が行われている。

大英博物館（イギリス）

（3）キュレーションの目的

キュレーションという知的作業は，情報の収集からストーリーづくりに至るまでの過程である。展示のテーマを決定し，それに基づいて資料を選定し，展示のストーリーを構築する作業が含まれる。この過程では，資料の歴史的背景や文化的意義を深く理解し，それを来館者に伝えるための効果的な方法を考える必要がある。いっぽうで，展示物の物理的な配置や設営は，専門のデザイナーや技術者が担当することが多い。

キュレーションの目的は，収蔵品に対する理解や関心を高めること，収蔵品を通して社会や文化に関する知識や洞察を提供することである。たとえば，特定のテーマに基づいた展示を通じて，来館者にそのテーマに関する深い理解を促すことができる。

① 展示物の選定と配置

テーマに沿った展示物を選び，適切に配置する。展示物の選定には品質や歴史的・文化的価値，展示スペースの形状や大きさなどを考慮する必要がある。テーマやコンセプトの設定：展示物の歴史的・文化的背景を考慮してテーマを設定する。これにより，来館者にとってわかりやすく，深く理解しやすい展示物を提供することができる。

② 解説の作成

展示物に対する解説は，来館者にとって重要である。解説によって，展示物の歴史的・文化的背景や，展示物に込められた意味を理解することができる。解説の作成には，来館者が理解しやすい言葉を使用し，感性や想像力を刺激する工夫が求められる。

③ 教育プログラムの企画・実施

展示物のテーマに沿った講義やワークショップを企画し，実施する。これにより，来館者がより深く理解し，感じることができるようになる。教育プログラムは，解説だけでは伝えきれない情報や体験を提供し，学習意欲を高める役割を果たす。

④ デジタル技術の活用

スマートフォンやタブレットを使ったオーディオガイド，AR（拡張現実）やVR（仮想現実）を活用した展示など，デジタル技術を活用することで，展示物に対する理解を深め，新たな興味や関心を喚起することができる。デジタル技術は，展示内容をインタラクティブ（双方向・対話型）で魅力的なものにし，来館者に対して直接触れたり操作したりする体験を提供することで，学びの楽しさを増す。

■博物館学の始まりは類型論から？

博物館学の起源は博物館を分類すること（類型論）から始まった。これは科学の始まりを歴史的にみても同じようなことがいえる。類型論すなわち分類学的アプローチは科学の形成において重要な役割を果たした。分類学の父とされるリンネ（Carl Linnaeus）は，生物を階層的に分類する体系を確立し，観察に基づく直感的な分類法を提案した。その業績は分類学の基盤を築き，科学の発展に寄与した。

いっぽう，博物館学の研究も，博物館現象（博物館そのものをさす）をどのように分類し整理するかという素朴な疑問から始まった。こうした過程において，博物館の機能（展示や保存），資料（自然物，人工物，遺物），博物館の歴史を体系的に分類・分析する「類型論（Typology）」が，大きな役割を果たしてきた。しかし，博物館学は単なる分類学ではなく，博物館の教育的役割，文化的価値，社会的意義を含む広範な分野を探求する学問であることは本書を読めばわかるだろう。

1727年にドイツ・ライプチヒで出版された『ムゼオグラフィア』は，世界初の博物館学に関する書籍であり，地理的観点から当時の博物館を分類したものである。アルファベット順の都市名による記述は，博物館現象の記述と分類の先駆けといえる。しかし，博物館学の学問としての確立は，19世紀以降の理論と実務の発展を待つ必要があった。

日本においては，棚橋源太郎や鶴田総一郎らが研究の初期段階で博物館の類型化に取り組んでおり，これは博物館学の発展に寄与する重要な試みであった。とはいえ，博物館学の起源を類型論に限定することには注意が必要である。

さて，博物館の分類は，それぞれの館の開設の経緯や発展史，展示物の違い，社会的な使命，研究的な見地など，さまざまな観点によるものがあり，一定の規準があるわけではない。

一例として，『ブリタニカ国際大百科事典　小項目事典』（ブリタニカ・ジャパン）では，「科学系博物館：自然史系博物館と理工学系博物館に大別される。前者は動物，植物，鉱物，人類，民族学関係などの資料を展示し，付属植物園などをもつことも多い。後者は自然科学の原理や応用などを扱い，特に技術や産業に重点をおいている場合には，科学技術博物館あるいは産業博物館と呼ばれることもある。ヨーロッパでは科学博物館の歴史はきわめて古く，前３世紀にアレクサンドリアに建てられたムセイオンに始るといわれ，16～17世紀にはオランダを中心として各地に自然史博物館が建設された。日本では明治４（1871）年に設けられた博物館が，その後国立博物館と国立科学博物館に分化した」と解説されている。

また日本博物館協会は，自然科学系博物館を「自然史博物館」と「理工系博物館」に分類している（第10章２節参照）。なお本書においては，上記の自然科学系博物館を「科学系博物館」，自然史博物館を「自然史系博物館」と表記して分類している。

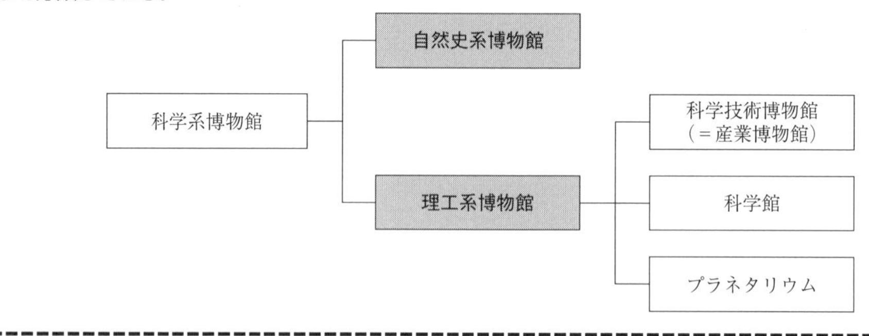

1 よりよい博物館のあり方とは

1　博物館のイメージ

人々は博物館に対し，どのようなイメージをもち，価値を感じているのであろうか。

皆さんは博物館に対してどのような思い出やイメージをもっているであろうか。図1.1は，真ん中に博物館という単語をもってきて，そこから連想される単語を書き出したものである。皆さんもやってみて，自分がもつ博物館に対するイメージを図のように可視化してみてほしい。そして隣にいる友だちのもつ博物館の思い出やイメージと比較してみよう。また，老若男女を問わず知り合いなど別の人のイメージと比較してもよいだろう。

図1.1のように，博物館から連想される単語を関係づけて並べ，イメージ図をつくろう。

比べてみると，いろいろなことに気がつく。共通なことと異なることがあるだろうが，子どものときの体験を書きとめる人が多いようである。また，博物館は体験できるところ，楽しく遊べるところといった思い出など，博物館といっても人によって多様なイメージがあることがわかる。人それぞれの博物館の思い出とイメージをもって博物館を利用している。

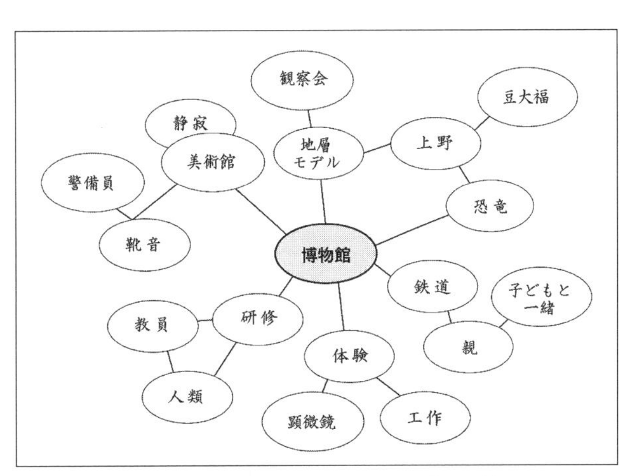

図1.1　博物館に対するイメージ図の例

2　「博物館行き」が魅力的

人々の博物館に対するイメージは時代とともに変ってきている。1990年代は，博物館を揶揄(やゆ)する言葉として「博物館行き」という表現があった。これは，「暗さ」と「かび臭さ」を意味し，子ども心には「怖い」という経験を聞く。博物館は閉ざされたかび臭い空間に資料が保管され，暗いところに展示物が並び，静かで靴音が響く空間であった。そこを静かに見て回り，騒いでいると警備員に叱られるという経験である。博物館は荘厳で，動きがない静的な存在であった。その頃から現代に至るまで，「暗さ」と「かび臭さ」のイメージを払拭しようと全国の博物館関係者が努力し，イメージは改善されてきたようである。学生に聞くと，博物館は体験ができ，楽しめるところという答えが返ってくることが多い。とくに科学系博物館で参加体験型の展示が増えてきたことも影響しているかもしれない。逆に，博物館で「暗さ」「怖さ」を体験したことのない人々が怖いもの見たさに標本や資料が収蔵されている空間，いわゆるバックヤードを見たいというリクエストは多くなっている。謎解きツアーやナイトミュージアムのようなイベントを通じて，「謎の多い」標本のある「暗い」展示室でゆっくり楽しめる，そのような空間づくりも行われつつある。今では「博物館行き」はよい意味で使えるかもしれない。

3　博物館学とは―博物館論理学と博物館実践学

博物館を対象にした学問が「博物館学」である。これまでの日本の主な博物館学の研究史を表1.1に整理したので読んでいただきたい。

博物館学の研究史によれば，博物館学の目的は２つある。１つは，「博物館とは何か」を科学的に探究することである。もう１つは，「博物館はいかにあるべきか」を探究することである。博物館学は，「博物館とは何か，博物館はいかにあるべきか」という課題を論理的・実証的に追求し，学説や理論を創り，それを実践する学問である（図1.2）。「博物館とは何か」「博物館はいかにあるべきか」を論理的に探究するのが「博物館論理学」といわれる。博物館論理学で創られた理論を実際に博物館活動に適用し，実践して，その理論を確かめるのが，「博物館実践学」といわれている。

博物館のあり方，よりよい博物館のあり方を考えるうえで，博物館の利用者（潜在利用者を含む一般の人々）の視点は重要であ

表1.1　主な博物館学の研究史

博物館学とは，一言に尽くせば，博物館の目的とそれを達成する方法について研究し，あわせて博物館の正しい発達に寄与することを目的とする科学である。 ▶鶴田総一郎「前編　博物館学総論」『博物館学入門』日本博物館協会編，理想社，1956，10頁
「博物館とは何か」を科学的に追求する学問であるといえよう。即ち，博物館学（Museology）は，語義からいって博物館（Museum）の論理学（Logic）ということで，博物館の科学的理論づけである。（中略）博物館学の究極の目的は，よい博物館の，或いは博物館活動の確立にあることは言うまでもない。 ▶倉田公裕「第１章　博物館学概論」『博物館学』東京堂出版，1979，５－６頁
博物館学は博物館論理学と博物館実践学の両者より構成される科学とみることができる。すなわち，博物館論理学は「博物館とは何か，博物館はいかにあるべきか」という課題を追求する学問分野であり，一方，博物館実践学は，博物館論理学から結論づけられた学説にたって，その具体化を実践するために必要な方法や技術論について研究し記録する記載科学的分野である。 ▶新井重三「博物館学（理論）と博物館実践学」『博物館学総論　博物館学講座Ⅰ』雄山閣出版，1979，５頁
博物館学の目的は，（中略）「博物館」をより科学的に，そして人類社会の求める博物館像を確立することにある。要するに現代博物館の目的をより科学的に達成するための博物館学が厳存するといえる。 ▶加藤有次「第２章　博物館学と博物館学史」『博物館学総論』雄山閣出版，1996，12-16頁
博物館の本質はどのようなものであり，博物館活動の独自の方法は何かといったこと等を研究する学問であり，このような博物館学の理念をしっかり把握し，科学的，論理的に究明しながら，良い博物館，良い博物館活動を展開すること，博物館の理想的な運営を構築していくことが，博物館学の目的ということになるであろう。 ▶大堀哲「第１章　博物館学論」『博物館学教程』東京堂出版，1997，４頁
「博物館」を科学的に追求することによって，社会が求める博物館像や人類にとってより望ましいと考えられる博物館像をつくり出すことである。 ▶大国義一「２．博物館学とは何か」『概説博物館学』全国大学博物館学講座協議会西日本部会編，芙蓉書房出版，2002，14頁

る。一般の人々は，博物館には資料や作品を展示している場所というイメージをもっていて，その背景に資料の収集・保管，調査・研究を実施していることについてはあまり意識していないようである。展示と教育活動は一般の人々も体験し参加でき，社会に開かれた博物館の機能として，普段から人々が接する機会もある。資料を収集・保管し，調査・研究するのは学芸員であるが，一般の人々がその過程に参加，参画することはまれである。したがって一般の人々が資料の収集・保管，調査・研究することの意義を理解する機会は少ない。博物館の基本的機能である資料の収集・保管，調査・展示・教育の３つの機能を一般の人々に知ってもらうことが課題であろう。

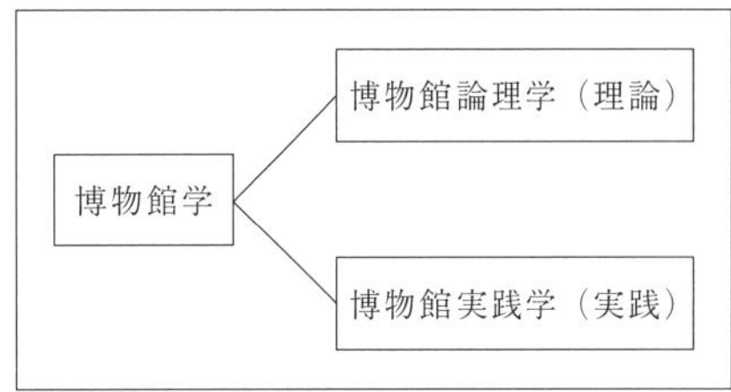

図1.2　博物館学の構成

4　科学系博物館における博物館学とは

科学系博物館における博物館学とは，どのような特徴があるであろうか。博物館のよりよい発達において，その発達が科学的に検証されるのかが重要である。博物館のよりよい発達は，実際に博物館活動を展開して社会に働きかけた結果から検証できる。このような検証は，具体的にデータを分析することによって，明らかにされものである。このプロセスは科学そのものである。社会のなかの博物館活動を見極め，実践結果の検証こそが博物館活動の妥当性を確認できる手段である。

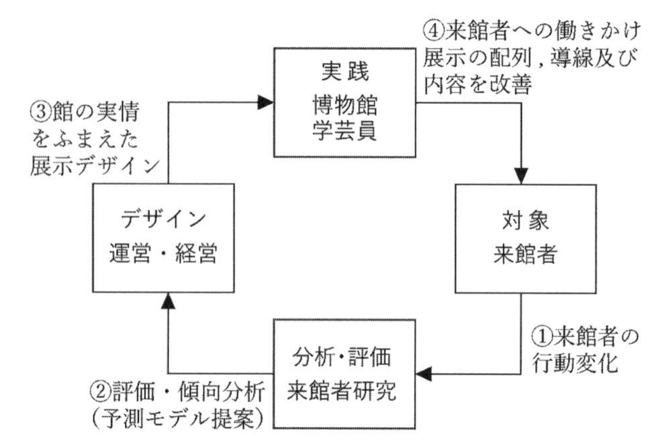

図1.3　博物館学に基づく展示運営改善プロセスの一例

出所：小川義和「社会のためのミュージアムを目指した『循環型博物館学』の提案」『日本ミュージアム・マネージメント学会紀要』18，11-17頁，2014年

たとえば，人々の意識と社会の変化を捉え，混雑しないような展示の配列，来館者にとってわかりやすい展示内容の改善を考えてみよう。図1.3にあるように，①来館者の行動の変化を，②来館者に対するインタビュー・アンケート，来館行動の観察・記録などの調査研究（来館者研究）により，分析し，展示の配列や内容を変えることで来館者の行動が変わっていく傾向や仮説を考え，③博物館の館長と学芸員がその傾向と仮説をもとに展示デザインの方針を立て，④展示の配列，導線および内容を改善し，来館者に働きかけ，来館者の展示に対する理解と来館行動の変容を促すというものである。

博物館学の対象は博物館活動であり，博物館が働きかける対象は自然と人々を含む社会である。博物館が自然と社会に対し働きかけ（図1.3の④に相当），その結果，自然と社会の状態が変化する（①に相当）。②のように自然と社会の変化を観察し，評価し，理論を科学的に探究していくのが狭い意味での博物館学，博物館論理学となる。さらに創出された理論を博物館に適用し，実際に博物館活動を展開していくことも博物館学の目的である。これは図1.3の③に相当し，博物館活動をデザインするプロセスである。すなわち社会において博物館が意図した機能を発揮できるように，博物館学の研究によって得られた知識を博物館の文脈（博物館の資金，人的資源，博物館をとりまく環境など）に適用するための施策やガイドラインを考える機能である。図1.3の④のよう

博物館の課題を1つ取り上げ，課題を解決してよりよい博物館活動をするためにどのようにしたらよいか。図1.3の4つの枠組みに当てはめて改善のプロセスを完成させてみよう。

に，施策やガイドラインを受け，学芸員は資料の収集・保管，調査研究，展示・教育を展開し，自然環境や地域社会，地域住民への働きかけを行う。これが博物館実践学となる。

これらの過程が繰り返され，循環することにより，「博物館はいかにあるべきか」「博物館のよりよい発達」という博物館学の目的が実証的に達成される。

5　博物館学の対象範囲

博物館の自然や社会に働きかける方法にはどのようなものがあるだろう。博物館法第2条には，「『博物館』とは，歴史，芸術，民俗，産業，自然科学等に関する資料を収集し，保管（育成を含む。以下同じ。）し，展示して教育的配慮の下に一般公衆の利用に供し，その教養，調査研究，レクリエーション等に資するために必要な事業を行い，併せてこれらの資料に関する調査研究をすることを目的とする機関」とある。前述のように博物館を対象にした学問が博物館学である。したがって，博物館そのもの以外に，資料の収集，保管（育成），展示，資料に関する調査研究の主要業務が博物館学の対象となる。

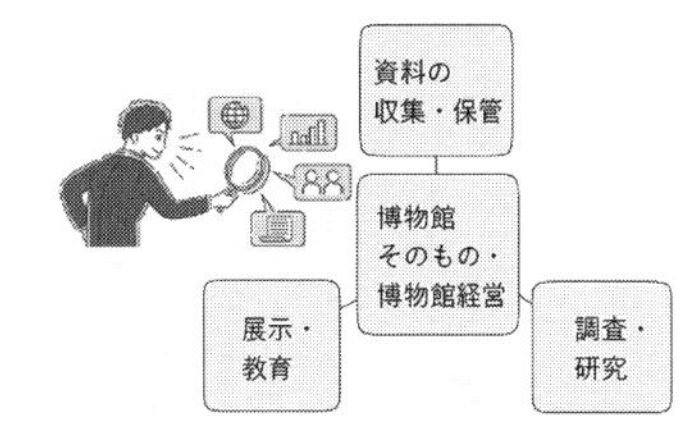

図1.4　博物館学の対象

下記のとおり，博物館法第3条にはより具体的な博物館の事業として事例が上がっている。

（博物館の事業）
第三条　博物館は，前条第一項に規定する目的を達成するため，おおむね次に掲げる事業を行う。
一　実物，標本，模写，模型，文献，図表，写真，フィルム，レコード等の博物館資料を豊富に収集し，保管し，及び展示すること。
二　分館を設置し，又は博物館資料を当該博物館外で展示すること。
三　博物館資料に係る電磁的記録を作成し，公開すること。
四　一般公衆に対して，博物館資料の利用に関し必要な説明，助言，指導等を行い，又は研究室，実験室，工作室，図書室等を設置してこれを利用させること。
五　博物館資料に関する専門的，技術的な調査研究を行うこと。
六　博物館資料の保管及び展示等に関する技術的研究を行うこと。
七　博物館資料に関する案内書，解説書，目録，図録，年報，調査研究の報告書等を作成し，及び頒布すること。
八　博物館資料に関する講演会，講習会，映写会，研究会等を主催し，及びその開催を援助すること。
九　当該博物館の所在地又はその周辺にある文化財保護法（昭和二十五年法律第二百十四号）の適用を受ける文化財について，解説書又は目録を作成する等一般公衆の当該文化財の利用の便を図ること。
十　社会教育における学習の機会を利用して行った学習の成果を活用して行う教育活動その他の活動の機会を提供し，及びその提供を奨励すること。

十一　学芸員その他の博物館の事業に従事する人材の養成及び研修を行うこと。
十二　学校，図書館，研究所，公民館等の教育，学術又は文化に関する諸施設と協力し，その活動を援助すること。
（以下略）

以下に，その事業に関して具体的にみてみよう。

「三　博物館資料に係る電磁的記録を作成し，公開すること」を研究対象にすることもある。これはデジタルアーカイブなどの博物館資料のデジタル化とその活用に関して研究することが含まれる。

「四　一般公衆に対して，博物館資料の利用に関し必要な説明，助言，指導等を行い，又は研究室，実験室，工作室，図書室等を設置してこれを利用させること」を研究するためには科学的な知識を一般の人にわかりやすく魅力的に伝え，人々と科学をつなぐ活動が必要であろう。科学のことに関心をもって理解を深めるためには，どのようなタイミングで，だれに，どのような内容を，どのような方法で伝え，対話すればいいのか。実証的に試してみる必要がある。参加者と話題提供者にアンケートをして理解度，満足度，伝え方の課題などを明らかにして，よりよい対話ができることを検証する必要がある。これはサイエンスコミュニケーションに関する活動と研究ということになる。これには「七　博物館資料に関する案内書，解説書，目録，図録，年報，調査研究の報

アメリカ自然史博物館（左）と併設するローズセンター（右）のプラネタリム

告書等を作成し，及び頒布すること」「八　博物館資料に関する講演会，講習会，映写会，研究会等を主催し，及びその開催を援助すること」に関する研究も含まれる。

「五　博物館資料に関する専門的，技術的な調査研究を行うこと」「六　博物館資料の保管及び展示等に関する技術的研究を行うこと」は，博物館が行う調査研究が例示されている。これには以下の４つの調査研究が考えられる。

①博物館資料の関する専門的・技術的調査研究とは，博物館が収集保管する資料の分野別に調査研究をすることである。動物園であれば，動物に関する研究であり，水族館であれば水生の生物に関する調査研究であり，植物園であれば植物に関する調査研究となる。その他，自然史博物館であれば，化石などを調査研究する古生物学，鉱物や岩石などの地球科学に関する研究，人類学などである。理工系の博物館では，天文や化学に関する調査研究，科学技術の発達史を研究する科学史，科学技術史などの研究分野がある。
②博物館資料の保管に関する技術的研究とは，博物館資料を次世代にわたり保存し，継承するための保存方法，適切な保管方法に関する技術的な研究であり，保存科学などの研究を意味する。
③博物館資料の展示等に関する技術的研究とは，博物館資料を展示等に活用する場合にどのような方法や考え方で公開すればよいのか，教育的配慮の下に一般公衆の利用に供することができるか，その結果教育効果があるのかということを研究する分野であり，教育学，展示学などの研究分野がある。
④そのほか，博物館の歴史，経営などの博物館そのものもの研究がある。これは経営学，博物館史，教育学などの分野に関連する博物館学である。

「十一　学芸員その他の博物館の事業に従事する人材の養成及び研修を行うこと」の人材養成に関する研究も重要である。国立科学博物館では人々と科学をつなぐ人材としてサイエンスコミュニケータの養成について，科学研究費を活用して研究開発し，現在養成講座を事業として展開している。また学校と博物館をつなぐ人材であるリエゾンの養成にも取り組んでいる。

サイエンスコミュニケーター養成：詳しくは第12章１節（４）を参照。

■サイエンスコミュニケーションと博物館学

サイエンスコミュニケーションとは科学と人々をつなぎ，科学が文化として社会に定着していく過程である。サイエンスとはいうまでもなく科学である。科学にはさまざまな分野の科学があり，数学，物理，化学，生物，地学の自然科学のほか，人文科学などである。すなわちサイエンスは，世界を科学的手法と考え方により理解する営為，その成果である知識の体系といえる。コミュニケーションは人と人との対話，交流を意味している。また機関同士の交流も含むことがある。よい博物館，よりよい博物館活動を検証するためには一般の人々，社会と博物館の対話を通じて，人々の声を聴き，社会の評価を受け止めることが重要である。人々の声を聴くだけでなく，社会の評価を受け止めるにとどまらず，その声と評価に対し博物館側からのメッセージを発信し，対話することがよりよい博物館活動をつくっていくことなる。科学系博物館では，扱う分野が自然科学中心であるため，科学的手法と考え方によって博物館の活動を検証することが求められている。

2 資料論

1　自然史系・理工系博物館が取り扱う資料

自然史系博物館と理工系博物館は，それぞれ異なる資料を展示し，異なる役割を果たしている。自然史系博物館では，化石や標本，映像などが展示されており，生物の進化や地球の歴史を理解するために非常に重要である。たとえば，恐竜の化石や古代の植物の標本を見ることで，過去の地球の姿や生物の進化の過程を学ぶことができる。また，地球上の生物や自然現象に関する展示物も多く，生物の多様性や進化の歴史，自然現象の仕組みを説明している。これにより，訪れた人々は自然界の複雑な仕組みを理解することができる。

いっぽう，理工系博物館では，科学技術の発展に関連する資料が展示されている。歴史的な発明品や現代の技術装置，実験装置などが含まれ，初期のコンピュータや電気機器，最新のロボット技術などを見ることで，科学技術の進化とその影響を学ぶことができる。実験のデモンストレーションや科学技術の応用例を見る

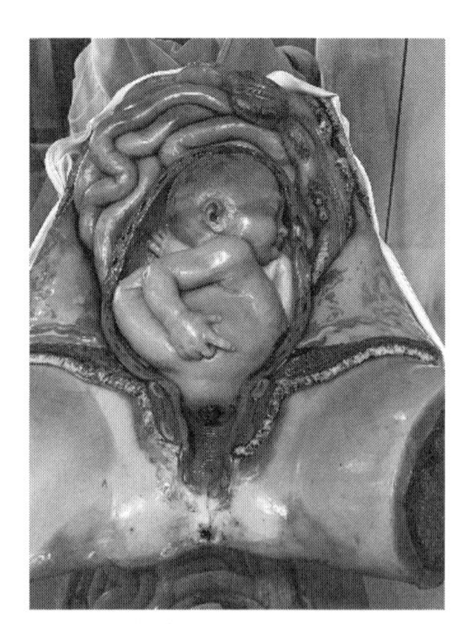

ガリレオ博物館（イタリア）　天体観測技術の歴史や機器（左／中）・医学や生物学（右）に関する展示物

ことで，科学技術の役割や社会に与える影響を理解することができる。

これらの博物館は，自然や科学技術についての知識を提供し，理解を深める場所として機能している。学校や大学の授業で訪れることも多く，子どもたちが学校外で自然や科学技術にふれる機会を提供することで，興味をもって学習するきっかけを与えている。これにより，幅広い年齢層の人々が自然や科学技術についての知識を深めることができる。

理工系博物館に限ったことではないが，博物館は文化的な意義ももっている。工芸品や人文学的な展示物もあり，文化や芸術についても学ぶことができる。また，地域の文化や歴史を紹介する場としても観光の場としても活用されており，地域の誇りをもつ人々にとっても重要な存在である。

博物館学的観点からみると，自然史系博物館と理工系博物館は，それぞれ独自の役割を果たしながらも，共通して情報の収集・保存・公開を行う場である。これらの博物館は，展示物を通じて来館者に自然や科学技術についての知識を提供する重要な役割を担っている。学芸員はこれらの資料を活用して教育普及活動を行い，来館者の知識を深め，理解を促進する使命を果たすのである。

近年では，デジタル技術の発展に伴い，展示物のデジタルアーカイブ化やインタラクティブ（双方向・対話型）な展示が増えており，博物館の役割はますます重要になっている。展示物を通じて，自然史や科学技術の進化，社会への影響などを多角的に伝えることで，来館者にとってより深い理解と興味を引き出すことができるだろう。

これらの博物館の役割と意義について理解を深めることは，これから博物館学を学ぼうとする学生にとって非常に重要である。博物館を多く訪れ，実際に目で見ることで，知識を深め，博物館学芸員として働く際の仕事に役立ててほしい。

2 標本とは何か

自然科学史における標本とは，生物や鉱物，地球上の自然現象などを収集し，保存したものである。これらの標本は，将来の研究や教育に利用するために非常に重要である。

生態資料とは，生物の生態系に関する資料のことであり，植物や動物がどのように生活しているかを研究するために収集される。生態資料の代表的な種類には，以下に示すように動物標本，植物標本，魚類標本，鉱物標本がある（詳しくは第８章を参照）。

動物標本	動物標本は，動物の死骸を保存したものである。動物の骨格や皮膚，羽毛などを保存することで，その動物の形態や外観を研究することができる。標本から胃内容物や糞なども分析されることもある。
植物標本	植物標本は，植物の部位を乾燥させ，保存したものである。植物の種子，葉，花，果実などを保存することで，その植物の形態や構造，分類に関する情報を得ることができる。
魚類標本	魚類標本は，魚の死骸を保存したものである。魚の骨格や体表の特徴，体色などを保存することで，その魚の形態や種類，生態などに関する情報を得ることができる。
鉱物標本	鉱物標本は，鉱物の結晶や断面を保存したものである。鉱物の成分や構造，特徴などを研究するために，標本を分析することができる。

標本の保存は，時間や場所を超えて生物や鉱物の情報を伝える手段となる。過去に収集された標本を現代と比較することで，生物の分布や形態，進化の過程を知ることができる。また，環境の変化や生物の減少・増加などの変化を把握するために，長期的な観察が可能である。そのため，標本を保存することは将来の研究や教育において非常に重要である。

標本は教育にも大きな役割を果たしている。標本を見ることで，生物や鉱物の形態や特徴を学ぶことができる。また，標本に実際に触れることで，生物の大きさや重さ，硬さなどを体感することができる。これらの体験は，生物や鉱物に対する理解を深めることにつながる。しかし，標本の保存には適切な条件が必要である。保存には適切な温度や湿度，光の照射などが求められる。また，保存方法によっては標本が傷んでしまうこともあるため，専門的な知識や技術が必要である。

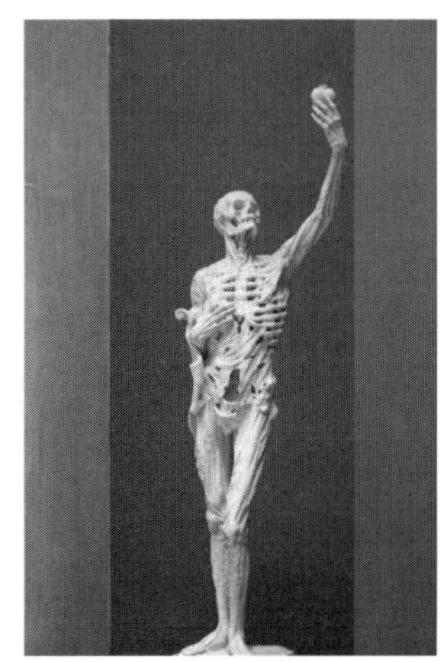

ルネ・ド・シャロンの死骸像の複製（リジェ・リシエ作，1547年頃，建築・文化財博物館蔵）医学的な骨格（筋肉）標本とみるか，芸術作品とみるかは観察者の興味と関心・バックグランド・見方に依存する。

さらに，標本の収集には倫理的な問題も存在する。とくに，希少な種や絶滅危惧種などの生物を収集する場合，適切な手順や法律に従った行動が求められる。収集によって生態系に影響を与える可能性もあるため，収集には慎重な判断が必要である。

以上のように，標本は自然科学史において重要な役割を果たしているが，標本を保存し，将来の研究や教育に活用することによって，生物や鉱物の情報を未来に伝えることができるのである。

3　標本管理の重要性

2024年７月に奈良県と県立大学は，県内で採取された約１万点の植物標本を2023年10月に誤って廃棄したことを明らかにした（『朝日新聞デジタル版』2024年７月22日付）。これらの標本は，1950年代から1980年代にかけて植物研究家の岩田重夫が採集したもので，岩田の死後，奈良植物研究会が預かり，2001年から同大学が保管していた。大学の建物の取り壊しの際に所有者が不明とされ，引き取り手が現れなかったため廃棄された。このなかには，現在奈良県内で絶滅したとされる種も含まれており，奈良植物研究会は大きな損失として抗議した。

この問題について，下表の国際博物館会議（ICOM（イコム））職業倫理規程を読んでみて，博物館学の観点から考えてみよう。

ICOM（国際博物館会議）職業倫理規程：本シリーズ『ビジュアル博物館学 Basic』巻末資料に全文日本語訳を掲載。

まず，標本や資料の管理体制の不備が大きな問題である。標本は一度失われると二度と取り戻せない貴重な文化資産であり，適切な管理が求められることはいうまでもない。管理システムの欠如や所有者の不明確さが原因でこのような廃棄が発生した点は深刻であるが，多かれ少なかれ全国の博物館でも同様な問題をかかえている。標本の価値を理解し，その保管と管理に対する意識を

博物館の収蔵品からの除去（第2. 13条）	博物館の収蔵品から資料もしくは標本を除去することは，その資料の意義，性格（更新できる場合もできない場合も），法的な位置，およびそのような行為から生じ得る公衆の信頼の損失を十分理解した上でのみ行われるべきである。
放出に対する責任（第2. 14条）	放出の決定は，博物館の館長および当該収蔵品の担当学芸員と共同で行動する管理機関の責任である。作業用収蔵品には特別の措置が適用されうる（２．７および２．８参照）。
収蔵品から除去された資料の処分（第2. 15条）	各博物館は，寄贈，移管，交換，売却，返還，もしくは破壊による資料の収蔵品からの永久的な除去を行うための公認された方法を規定し，また受け取る施設への制限されない権利の譲渡を容認する方針を持たねばならない。すべての除去の決定，当該資料およびその処分について完全な記録を保存しなければならない。放出品は優先的に他の博物館に提供するべきであるとの強い仮定がある。

高めることが欠かせない。

そのため，ICOM 職業倫理規程の第2. 18条「収蔵品の永続性」では，「博物館は，その収蔵品（永久的なものも一時的なものも）および適切に記録された関連の情報が，現在において使用でき，また現在の知識および資源に配慮しながら，できる限り良好かつ安全な状態で将来の世代に伝えることを保証する方針を決め，適用しなくてはならない」とされている。これにより，標本が長期間にわたって保存されるための基本的な枠組みが求められていることがわかる。

さらに，第2. 19条「収蔵品の責任の委任」によれば，「収蔵品の保護に関する専門的な責任は，適切な知識と技術を持った人々もしくは十分な監督下にある人々に任されるべきである」とされている。このことは，標本の管理が専門的な知識と技術をもつ人々によって適切に行われるべきであるということを強調している。

また，標本の保存には適切な環境条件が必要である。それを維持するためには施設の適切な管理が求められる（第８章２節を参照）。廃棄された標本のなかには絶滅種も含まれており，その損失は地域の生物多様性の理解や環境保全に大きな影響を与える可能性があるといっても過言ではない。このような事態を防ぐためには，標本や資料の所有者が明確であること，そして定期的な点検や評価を行うことが重要である。そして，これから学芸員になろうとする読者のみなさんの心のなかにも刻んでおいてほしい。

つぎに，標本の廃棄についての倫理的な問題も考えなければならない。とくに絶滅危惧種や希少種の標本は，その価値が非常に高い。これらの標本を廃棄することは，学術的な損失だけでなく，倫理的な観点からも問題がある。標本の価値を理解し，それを適切に管理するためには，標本の収集，保管，廃棄に至るまでの一連のプロセスにおいて，高い倫理基準をもつことが重要である（第６章２節を参照）。

前述の奈良県での事件から学ぶべき教訓は，標本の管理体制の見直しと強化である。これから博物館学を学び，学芸員として働こうとする大学生には，標本や資料の価値を理解し，適切な管理

を行うための知識と技術を習得することが不可欠である。標本の管理は一朝一夕にできるものではなく，長期的な視点で取り組むことが求められる。

以上の点をふまえ，標本の廃棄がどれほど重大な問題であるかを理解し，その管理に対する意識を高めることが大切である。標本の適切な管理は，未来の研究や教育にとって欠かせないものであり，その重要性を再認識する必要があるだろう。

4　標本の保存と課題

標本の保存には，いくつかの重要な理由がある。まず，知識の蓄積と継承があげられる。標本は生物や鉱物の情報を保存するための貴重な資料であり，収集された標本は時間や場所を超えてその情報を伝えることができる。将来の研究や教育に利用するために，標本を保存することはきわめて重要である。

つぎに，種の分類や進化の解明においても標本は不可欠である。同じ種の生物でも地域によって形態が異なる場合があるが，標本を比較することで分類を正確に行うことができる。また，過去の時代から現代までの標本を比較することで，進化の過程を追うことも可能である。さらに，標本は環境変化の把握にも重要な役割を果たす。標本は過去の生物の分布や形態，生態系の関係などを知るための貴重な資料であり，これらの情報をもとに環境変化や生物の減少・増加などの変化を把握することができる。

また，教育のための資料としても標本は重要である。標本を観察することで生物や鉱物の形態や特徴を学ぶことができ，実際に触れることで生物の大きさや重さ，硬さなどを体感することができる。

標本の収集には適切な手順や法律に則った行動が求められるが，適切な方法で収集された標本は種の保全にもつながることがある。種の分布や形態，生態系の関係などを知ることで，保全に必要な情報を得ることができる。

標本の保存は，種や生物，鉱物に関する知識を蓄積・継承し，環境変化や種の保全につながるという重要な役割を果たしてい

標本の保存について，博物館だけに負担させていてはいけないね。

る。しかし，標本の保存にはいくつかの課題も存在する。それは保存状態の管理の重要性である。標本の保存には適切な温度や湿度，光の照射などの条件が必要であり，保存方法によっては標本が傷んでしまうこともある。そのため，標本を適切に管理することが求められる。それと同時に，先に述べたように倫理的な問題も考慮しなければならない。とくに希少な種の標本の場合，適切な手順や法律に則った行動が求められるため，収集と保存には慎重な判断が必要である。また，財政的な負担も無視できない。標本の保存には費用がかかり，とりわけ長期間にわたる保存には財政的な負担が大きいという課題がある。いうまでもないが，標本の保存にはデータ化も必要である。標本の情報や保存状態などをデータベース化することで，標本を有効に活用することができる。しかし，データ化には時間と労力がかかるため，標本の数が多い場合には課題となる。

これらの課題に対して適切に対処していくことが必要であり，博物館学を学ぶ学生にはその重要性を理解し，実践することが求められる。

《課題》・・・・・

下記の博物館関連用語について，3つの課題にチャレンジしてみよう。

標本・資料・史料・試料・プレパラート

❶この用語の意味を辞書や教科書，インターネットなど何も見ないで，自分の知識のみで整理してノートに書き出してみよう。

❷つぎに，個々の用語について自分なりに定義してみよう。はじめに50字くらいで記述して，慣れてきたらさらに詳しく100 ～ 150字で書いてみよう。

❸個々の用語を国語辞典で調べて，その用語がどのように定義されているか書き写してみよう。最後に，専門用語辞典や博物館学の教科書などで調べながら，専門分野ではどのように説明されているか，よく読んで確認してみよう。

3 教育論

1　博物館の教育的役割

人々が生涯にわたって，あらゆる機会に，あらゆる場所で行う学習を生涯学習という。日本では1980年代半ば以降，一貫して生涯学習の振興がはかられてきた。人生のなかで学ぶ機会はさまざまにあるが，そうした学びを提供するのが教育である。教育は家庭教育，学校教育，社会教育の３つに大別できる。家庭や学校での教育が本来的に乳幼児から青年期を主たる対象とするのに比べて，社会教育は人々の学びに生涯を通じてかかわる点に大きな特徴がある。そのため社会教育は，家庭や学校と連携を図りながら生涯学習の振興において中心的な役割を果たしている。そして社会教育法第９条で博物館は，図書館と並んで社会教育のための主要機関の１つに定められている。

生涯学習：もとは1965年にユネスコの成人教育推進国際委員会で，会議議長のポール・ラングランが生涯教育の概念を提唱したことにある。従来の教育は，人生の初期の学校において行われるものとしてだけ捉えられていたが，生涯教育では，そうした考え方からの脱却がとなえられた。その後，学習者の捉え方が教育の客体から学習の主体へと変化するなかで，生涯学習という考え方が生まれてきた。日本では，1986年に，中曽根内閣における臨時教育審議会の第二回答申で，「生涯学習体系への移行」が示された。これを契機に，生涯学習が国の教育施策において重要な位置を占めることとなり，以後，現在まで一貫して，生涯学習の振興がはかられている。

ここでは博物館の教育的役割について３つの視点から指摘しておきたい。第一に，博物館は生涯学習の場として多様な人々に学びの機会を提供する役割を負っている。実際に博物館には，国立科学博物館の「親と子のたんけんひろば　コンパス」のような幼児の利用も想定した体験展示から高齢者も含めた多様な人々からなるボランティア活動まで，人生のさまざまなライフステージに応じた学習の機会が用意されている。第二は，資料（モノ）を通じた学びが基軸となる点である。博物館の機能は，モノを収集し，それらを整理保存し，同時に調査研究を通じてモノの新たな価値を明らかにし，その研究成果の発信手段としてモノを展示し，さらに教育活動を通じて広く社会に還元することにある。このようにモノがあらゆる活動の基盤をなしている博物館では，モノを介した学びは，ときに学芸員の「モノに対する眼差し」を通して学びを深めることも意味する。第三に，博物館が存在する地域とのかかわりのなかで学びを展開させることも積極的に図られている点である。2023年4月に施行された改正博物館法では，文化芸術基本法の精神に基づき，地域の多様な主体との連携・協力による文化観光その他活動を図り，地域の活力向上に取り組むことが新たに努力義務として盛り込まれた点も留意する必要がある。

2　教育活動の事例紹介

ここでは前節であげた博物館の教育的役割をふまえて，具体的な取り組みを紹介していく。

（1）市民参加型発掘の成果を地元で活かす

■野尻湖ナウマンゾウ博物館

1948年に野尻湖畔で旅館を経営していた加藤松之助氏が野尻湖底でナウマンゾウの臼歯化石を発見した。これをきっかけに1962年に始まった発掘調査は「誰でもできる，みんなでささえる，地元とつながる発掘」をモットーとした市民参加型の発掘調査活動を現在に至るまで60年以上継続している。世界にも類を見ない発掘調査の拠点となっているのが，1984年に信濃町立野尻湖博物館として開館した野尻湖ナウマンゾウ博物館である。同館に事務局をおく発掘調査団には，小学生から大人まで，信濃町を中心としながら全国に友の会が組織されており，会員を主体とした発掘調査が続けられている。友の会のなかには「専門グループ」という発掘された化石や遺物の調査研究を行うグループも組織されている。

野尻湖ナウマンゾウ博物館では，野尻湖という地域のフィールドを舞台に，長期にわたる市民参加型の発掘調査が，博物館における資料の収集活動に直結しながら進められてきた。さらに「専門グループ」を通じて収集資料の調査研究にも市民がかかわる体制が築かれている。参加者にとっては化石の発掘にたずさわる体験，さまざまな参加者との交流，そして専門的な調査研究への参画などの経験を通じた学習の機会になっている。そして何

野尻湖ナウマンゾウ博物館（長野県）

より，それらの活動が野尻湖ナウマンゾウ博物館の収蔵資料の基盤形成と一体となって約40年近くにわたり継続されてきたことに大きな価値があるといえる。

（2）対話で学びの深化をはかる

■ふじのくに地球環境史ミュージアム

旧静岡南高校の校舎をリノベーションして2016年3月に一般公開が始まったふじのくに地球環境史ミュージアムは，「100年後の静岡が豊かであるために」を活動理念に掲げ，静岡から持続可能な社会の実現をめざして，展示や教育活動で既存の博物館にない工夫を取り入れている。ここでは常設展示室の最終段階にあたる展示室9「ふじのくにと地球」と展示室10「ふじのくにと未来」で実践される対話を通じた学びの支援プログラムを紹介する。

来館者は1階と2階を展示室1から8の順に観覧し，再度1階へ下りてきた先に展示室9がある。ここは，展示室中央に大きなテーブルが島状に配置された「地球家族会議」という対話型の展示で，進行役のミュージアムインタープリターが午前11時から午後4時まで，各回約20分の対話型プログラムを，平日は2～4回，休日は6回実施している。プログラムのテーマは水，金属資源，生物多様性，食料など毎回異なる。来館者はこの場でほかの参加者も交えて，先ほどのテーマに沿って現在の地球環境を見つめ直し，私たち人類がとるべき行動について考える機会となる。ミュージアムインタープリターの問いかけは，今しがたの観覧経験と結びつくものも多く，展示をふり返るとともに他者の観覧経験や思考を共有する場にもなっている。「地球家族会議」を終えたあとには最後の展示室10がある。ここでは人間活動と地球環境を両立させるさまざまなヒントが紹介されている。展示室の後半部分では，「100年後の静岡が豊かであるために」をテーマに，来館者が自身の考えや想いをカードに書き記すことができる。ここで来館者は改めてここまでの観覧体験に想いをめぐらし

展示室5「ふじのくにの環境史」

展示室9「ふじのくにと地球」の「地球家族会議」コーナー

て，文字として可視化する機会になる。集められたカードは展示コーナーで一部が公開されており，多様な観覧経験を通じたメッセージが展示見学の最後を締めくくるに相応しい余韻をもたらす。同館は，趣向を凝らした展示，ミュージアムインタープリターとの対話を通じた観覧経験の省察，そして未来に向けた想いをメッセージとしてカードに記す可視化のプロセスが，地球環境の問題を自身の事柄として前向きに考える機会として，総合的に高いレベルでデザインされた学びのプログラムであるといえる。

ミュージアムインタープリター：来館者と対話する交流員。来館者との双方向のコミュニケーションによってメッセージを伝え，より深い理解と発見を促す役割を果たす。

（3）教師のミュージアムリテラシーを高める

■長崎歴史文化博物館

長年にわたり博物館の教育活動にたずさわってきた小川義和は，博学連携を進めるにあたっては，使命や教育システムが異なる機関どうしである点をふまえ，相互理解，つなぐシステム，理念の共有の重要性を指摘している。

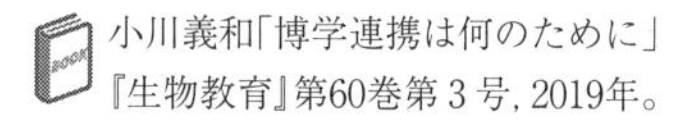

小川義和「博学連携は何のために」『生物教育』第60巻第３号，2019年。

ここでは，長崎歴史文化博物館における教師と学芸員の相互理解と理念の共有をはかる実践プログラムを紹介する。長崎歴史文化博物館では，教師と学芸員が博学連携実践の蓄積と共有をはかる場として「協力校・パートナーズプログラム」を2008年に立ち上げた。このプログラムは博物館の近隣にある小学校の教員を１名派遣してもらう協力校制度と，博物館利用に関心のある教員が自ら参加を申し込むパートナーズ制度からなる。これは２カ月に１度博物館で実施している学校の教師と教育担当学芸員との研修会で，博物館を活用した授業実践の報告と検討，企画展の見学や学芸員の研究成果の紹介，学習プログラムの共同開発などを行っている。年度末の最終回では，実践事例の報告会を開催して，博物館と学校の連携実践を広く紹介する機会とするとともに，内容を教育実践報告書として取りまとめて博物館のウェブサイトで公開している。こうした研修会は他の博物館でも取り組んでいる事例はあるが，当プログラムは緩やかな結びつきを旨とし，特に自由意志に基づくパートナーズの教師が継続的にメ

展示資料を用いた教育プログラムの検討風景

ンバーとして参加してくれている点に特徴がある。こうした教師は学校の現場における博物館利用の「よき理解者」であり，強力な「応援団」として博物館と学校の連携の結節点となってくれている。

3　アウトリーチキットで学校の学びとつながる

冒頭記したように，社会教育施設としての博物館は家庭教育や学校教育との連携を図りながら生涯学習の振興を図ることが期待されている。そうしたなかで多くの子どもたちにとって人生のなかで博物館との「ファーストコンタクト」になる可能性があるのが，学校教育を通じた博物館利用である。博物館と学校が学校教育を通じて互いの特性を活かしながら連携して子どもたちの学びを支援する取り組みを博学連携という。ここで紹介する貸出型のアウトリーチキットは，博物館を訪れることがむずかしい場合や博物館見学の事前・事後の学習での活用が期待されさまざまな館で運用されている。

科学館では，札幌市青少年科学館や愛媛県総合科学博物館で各種の科学実験キットの貸出を行っている。自然史館では，北九州市立自然史・歴史博物館，群馬県立自然史博物館，ミュージアムパーク茨城県自然史博物館などで化石，動物頭骨標本，昆虫標本などのキットを貸し出している。群馬と茨城では一部に点字解説を付した視覚障害者対応資料も用意している。大阪市立自然史博物館の貸出キットは，「大阪のセミ」「学校のコケ」「ひっつきむし」など子どもたちにも身近な自然をテーマにしている点に特徴がある。また国語の教科での利用を想定した調査研究をふまえて「タンポポ」「虫の体」のキットが開発されているのも興味深い。これら以外にもアウトリーチキットの導入事例は認められる。ぜひ，自身の身近な博物館施設の取り組みを調べてみてほしい。

学校教育の一環での博物館利用を，子どもたちにとって忘れがたい学びの機会とすることができれば，彼ら彼女らは生涯にわたって博物館を身近な場所として利用してくれることになるだろう。学芸員には，子どもたちの数十年先の博物館との関係を想像しながら，学校との連携にたずさわる必要があるといえよう。

4 コレクション論

1　科学史・産業技術史コレクションの役割

理工系博物館は，後述する館の種類によって，収集する目的，対象とする資料とその規模や数量などに差異はあるが，少なからず科学史や産業技術史のコレクションをもっている。それらは，その科学や産業技術が誕生し発展した経緯や，その当時の背景，文化や社会状況を語る資料であり，または産業成果物のデザインの美しさや製作技術のすばらしさなどを語る資料でもある。簡単にいえば，これが役割ともいえるが，少し視点を変えて考えてみよう。そもそも来館者は，これらのコレクションを見て何を学ぶのか／何を感じるのか／何を想うのかを，自分の経験も照らし合わせて考えてみてほしい。

まず，コレクションを見て，国や地域，大学や研究機関，企業などが発見，発明，蓄積，改良してきた科学や産業技術自体の「すばらしさ」を知り，感動して，もっと深く学びたいと思ったのではないだろうか。また，そのすばらしさを，国民として，県民・市民として，学生や教員・職員として，社員・役員，ユーザーとして誇りに感じたのではないだろうか。

展示物から現在につながる経緯を知って新しい発想につなげよう。

そして，それらの科学や産業技術が「生まれた経緯」を知り，深くうなずいたのではないだろうか。これらのコレクションは，その当時に国や地域，大学や研究機関，企業などがそれぞれに直面した課題に対する解決策の成果として，または新しい分野の開拓や未知の領域への挑戦の成果として生まれたものである。ただし，それは希望に満ち溢れたものばかりではない。結果として新たな課題が生じたり，不幸な結果を導いてしまったりしたものも少なからずある。ときには同じ過ちを繰り返さないための反省を促すものともなる。その事実を知り，それが現在にもつながって

いるものであれば，自分へのかかわりも強く感じたのではないだろうか。

さらに，その科学や産業技術に「かかわった人たち」を知り，人間の英知や技能，努力に感動し，その人たちを称え，憧れ，人によっては自分もいつかはと思ったのではないだろうか。ここでいう「かかわった人たち」は，その科学や技術を発見や発明・開発した人だけではなく，協力や支援をした人／競い合った人／反発した人／広めた人／そして活用した人などすべてが含まれる。

このように，博物館における科学史・産業技術史コレクションの役割は，コレクションを通してその科学や産業技術自体の「すばらしさ」を，「生まれた経緯」と「かかわった人たち」も合わせて伝えることにあるといえる。さらには，現代に生きる自分とのかかわりを考えてもらうことにあるといえる。ときには「誇り」を抱かせ，ときには「反省」を促すものとなり，ひいてはそれが国や地域，大学や研究機関，企業などに活力を与える。ゆえに博物館は，未来の発展のためにも科学史・産業技術史コレクションを，時代とともに新たに加えていきながら，保存して，継承していくのである。

1つの事例として，戦後初の国産旅客機で2006年9月まで国内線でも就航していたYS-11という飛行機を紹介したい。搭乗したことがある人もいるかもしれないが，今では退役した実機が各地の博物館などで展示されているのでぜひ見ていただきたい。

YS-11の技術の「すばらしさ」は，ほぼ機械要素だけでフラップや垂直尾翼などを制御する機構や機内に収納されるタラップの緻密な構造などあげればきりがない。当時の技術の高さを目の当たりにする。

なにより，YS-11が「生まれた経緯」はドラマチックである。戦前から高い航空技術をもっていた日本は，戦後7年間GHQ（連合国最高司令官総司令部）により航空機の研究，開発，生産などすべての活動を禁止されてしまう。空白の7年間を経て，再び日本の技術を示さん

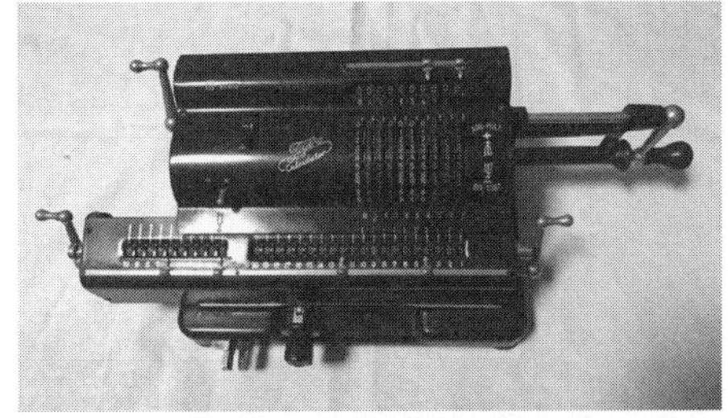

科学史・産業技術史コレクションの例：タイガー計算機（上）**とYS-11**（下：青森県立三沢航空科学館の実機展示）

と，“日本の空を日本の翼で”をテーマに戦後初の旅客機の開発に国をあげて挑んだのである。

その開発に「かかわってきた人たち」のなかには，日本の名だたる航空機開発にたずさわってきた「五人のサムライ」と呼ばれる技術者たちが名を連ねている。しかし，それでもさまざまな技術的な課題に苦悩していく。そして，さらにさまざまな分野の人たちがかかわり，ついに日本の空へ，そして世界の空へと羽ばたくことになるのである。

「生まれた経緯」や「かかわってきた人たち」については，話で聞いただけでも胸が熱くなるが，直面したさまざまな課題を乗り越えた結果は機体に形となって表れており，それを実際にみることで，その話が史実として深く認識されるのである。これが科学史・産業技術史コレクションとしての大きな役割であるといえる。

2　理工系博物館の種類

博物館の種類は，文化庁が行っている社会教育調査では，総合博物館，歴史博物館，美術博物館，科学博物館，野外博物館，動物園，植物園，動植物園，水族館に分けられている。本書においては，そのうちの科学博物館を科学系博物館と呼び自然史系博物館と理工系博物館に分けている。

博物館の分類：文化庁や日本博物館協会などそれぞれの機関や調査方法によって定められている。本シリーズ(全3巻)『ビジュアル博物館学』のArtでは美術系博物館，Basicでは歴史系博物館を中心に扱っている。本書における科学系博物館の分類は22頁を参照。

理工系博物館は，さらに科学技術博物館や科学館，プラネタリウムなどに分類されることが多い。これらに厳密な定義はないが，基本的には扱っている資料，展示のテーマや内容，展示の手法，そして目的によるところが大きい。

科学技術博物館は，主に自動車，航空機，船舶，鉄道，家電製品などの実機や模型など過去または現代の産業技術の成果物を収集し，展示している。また，情報通信，電力やガス，水道などのインフラに関する科学や技術をテーマにした館も多くある。成果物を通して，その技術のすばらしさはもちろん，当時の社会的な背景や課題，その技術にかかわった人々の功績の顕彰などを目的としている。先の述べた科学史・産業技術史コレクションを主体とした館である。

科学館は，数学，物理，化学，生物，地学といった学校教育の分野に関連した実験型および体験型の展示を主体としている。また，未来の技術について展示している館も多くみられる。さらに，実験ショーや実験教室，工作教室，自然観察会などの教育プログラムを充実させており，青少年を主体に科学や技術への興味促進，理解増進，理系人材の育成などを目的としている。

プラネタリウムは，専用の投影機でドームスクリーンに地上から見た天体を投影し，スタッフが解説するのが基本であるが，現在では，プロジェクタにより全天周で投影して，太陽系の惑星や宇宙の果てまで旅するシミュレーションや天文以外の分野の映像を投影する館が多い。またロビーに天体観測の技術史や最新の天文研究の成果などを展示しており，広く一般に対して天文について学習してもらうことを目的としている。

以上のように分類することができるが，実際には，これらが複合されている場合のほうが多い。たとえば，館名に科学館とついていても，物理や数学に関する体験型展示とともに自動車や通信機器など産業技術の展示が並び，さらに巨大なプラネタリウムが併設されている館は多くある。いっぽう，科学技術博物館においても，科学史・産業技術史コレクションとともに実験型や体験型の展示が並び，実験ショーを行っている館もある。

産業技術（液晶モニタ）の仕組みを解説する実験ショー

じつは，これは当たり前のことである。たとえば，航空機を展示している科学技術博物館，いわゆる航空博物館では，主として館が語るテーマに合った実機や復元機などが展示されているが，その実機にかかわる技術を解説することも重視している。その技術を解説するためには，その技術の背景にある科学原理を示す必要がでてくる。そこで，その科学原理を示す実験型や体験型の展示が必要となる。さらに展示だけではむずかしく，来館者層に合わせた解説が必要となれば，実験ショーなどの教育プログラムで補完するのである。

ドームシアターの映像

逆に科学館では，たとえばヒートポンプの原理を実験ショーなどで説明すると，その原理を使っているエアコンや冷蔵庫について紹介することとなる。写真や動画で示すことが多いが，できれば実物のその部分を見てもらったほうがより効果的である。そこで必要に応じてメーカーなどに依頼し借用などして，展示することになる。

ちなみに，科学館という名称がついているが，位置づけは厚生労働省の管轄の児童館である館もある。また，文化庁の社会教育調査では，総合博物館という分類があるが，総合博物館には理工展示室と称して科学や産業技術に関する展示が充実している館もある。さらに，東京にあった逓信総合博物館（現在は閉館）は，名前は総合博物館でも郵便，通信，放送に関する技術を総合して展示している館であり，実質的には文化庁の分類での科学博物館にあたる。

科学館については，とくに欧米では，サイエンスミュージアムではなくサイエンスセンターとして区別されている。実物のコレクションをもっていない科学館はミュージアムとは呼べないとの考えでもあるが，これについては筆者の持論ではあるが，科学館にとっては科学の現象自体が実物資料であると考える。その現象を引き起こす実験型展示や体験型展示自体が実物コレクションと捉えている。また，ウェブサイト上や仮想空間での博物館も博物館として認められるようになりつつある。博物館の分類についても考えるべきときがきていると感じる。

いろいろと述べたが，来館者からすれば分類自体はあまり関係がないであろう。重要なのは，どのような種類であとうとも来館者に何を伝える館であるのかを示すことである。その意味では名は体を表すので，館の名称は重要である。

その博物館が何を伝えたいかを来館者に示すことが大切なんだね。

5 展示論

1　自然史系の企画展示―企画・設計・運営までのつくり方・キュレーション

（1）自然史系の企画展示／特別展示の概要

常設展示に対して，開催期間を区切って，テーマを変えて行うのが「企画展示」である。館によっては，「特別展示」と呼ぶこともある。館によって期間も規模もさまざまであるが，おおむねその期間は２～３カ月程度であることが多く，年に１～３回行われる。面積は小規模なもので100m^{2}程度，大規模なもので1000m^{2}を超えることもある。常設展示は基本的に変わらないため，博物館のリピーターを獲得するには魅力的な企画展示の運営は欠かせないものとなっている。また，普段あまり取り上げることのないテーマを選択した際には，その分野の普及啓発のまたとない機会となる。各館では，企画展示を行う際広報活動にも力を入れ，ポスターやチラシ，ウェブサイトやSNSでの発信を精力的に行う様子もみられる。

（2）企画展示開催までのスケジュール

企画展示を開催するまでのスケジュールは館によって大きく異なるが，ここでは県立の自然史博物館の一例を紹介する。

① テーマ決定・企画書作成

開催の３～４年前に，企画展示のテーマと趣旨を決定する。テーマの選定は，来館者アンケート，それまで行ってきた企画展示のラインナップ，地域性，学芸員の専門性，テーマの話題性など，さまざまな要件を考慮して行う。

テーマの決定と並行して，企画書を作成する。企画書には，テーマ，趣旨，会期，協力機関，展示構成（ストーリー）などを盛り込み，こののち常に，肉づけ・ブラッシュアップを繰り返し，よりよいものにしていく。展示構成については，来館者を常に惹きつけ，最後まで飽きさせずに，無理なくテーマを理解できるよう，とくに工夫が必要である。

② 資料の調査・収集と取材

館内で企画の了承が得られたのち，取材や現地調査・文献調査を進めていく。取材は，有識者への聞き取りによる情報収集や，類似する展示の視察などを含めさまざまなものがあるが，自然科学系の企画展示では，フィールドでの現地調査および標本の採集・収集はとくに重要なものとなる。たとえば，絶滅危惧植物の企画展示であれば植物の生育地の調査や標本採集，古生物の企画展示であれば化石の発掘，洞窟をテーマにした企画展示であれば実際に洞窟に入って調査および生物採集等を行うなどがあげられる。なお，調査や採集には適した季節があり，また自治体などの許可が必要な場合も多いため，計画的に行う必要がある。労力を伴う行為ではあるが，学芸員が現地で実際に実物を見て，資料を収集し，それを展示することは，来館者へ最も熱量をもって展示内容を伝えることにつながるため，積極的に行うべき事項である。もともと学芸員が専門としていることをテーマとする場合や，自館で十分な資料を所有している場合は，企画展示のために新たに現地調査を行う機会が少ないこともあるが，企画展示の開催をきっかけとして行われた調査から新たな知見や発見が生まれることもあり，企画展示の開催が来館者のみならず，博物館や学芸員にとってもよい効果をもたらすことも多い。そのほかの資料収集の方法としては，市民に呼び掛けて借用したり寄贈してもらったりする手段もある。これも，市民参加型で，より親しみやすい企画展示を開催するために有効な方法である。

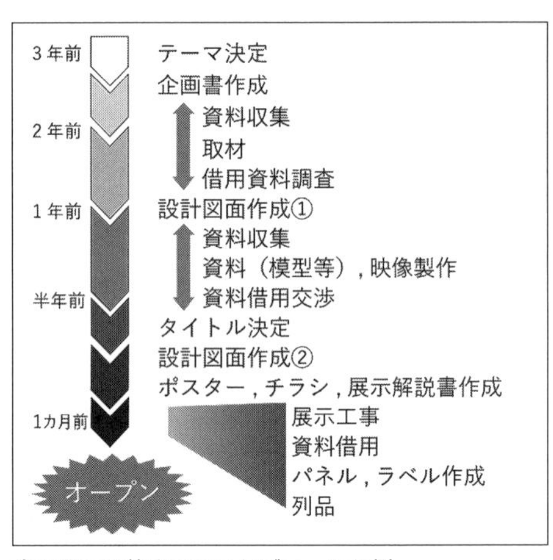

企画展示開催までのスケジュールの例

展示資料は購入や製作といった形で収集することもある。購入資料のリサーチやレプリカ・模型などの製作の監修には，学芸員の専門知識が必要となる。また，映像資料や写真資料などの２次資料の製作や収集も，企画展示をよりわかりやすいものにするために重要である。なかでも，生物系の写真や映像は季節を逃すと得られないことが多く，計画的な撮影が必要になる。

③ 資料の借用

展示資料は，ほかの博物館や関連する機関，個人などから借用することも多い。資料の借用には入念な打ち合わせと，書類のやりとりが必要になる。まずは，企画に沿う資料を有していそうな相手先を探し，コンタクトをとる。無事調査の許可が得られたら，直接相手先に赴いて，借用可能な資料を見せてもらい，写真の撮影やサイズの計測，借用条件（展示形式や借用料の有無など）の確認を行う。この情報を自館にもち帰り，検討したうえで，借用希望資料を決定し，相手先に打診する。資料によっては，この後の書類の手続きや美術輸送の手配に数カ月単位の時間がかかることがあるうえに，恐竜の骨格標本など各地で展示に引っ張りだこのものがあったり，たまたま類似する企画展示が複数館で同時に企画されていたりすることもあるため，資料借用の交渉は早めに進めることが望ましい。相手先からの資料借用の内諾が得られたら，資料借用の申請書を作成し，館長名で発行する。展示資料の貸し借りは基本的に学芸員個人ではなく，機関同士のやりとりとなり，相手先の機関から承諾書が得られて初めて資料借用が可能となる。

あってはならないことではあるが，万が一の破損のことを考え，資料借用の際には保険に加入するべきである。そのため，資料調査の際には，もともとの傷がないかといった状態を写真などで記録に残し，相手先からは資料の評価額をあらかじめ聞いておく。評価額に応じて輸送および展示期間中の保険に加入し，破損があった際には評価額の範囲内で修復もしくは弁償を行う。

資料の輸送の方法は，相手先の希望に応じて，専門業者に依頼する美術輸送と，学芸員によるハンドキャリーの２種類がある。どちらの場合も保険へ加入すべきであり（美術輸送の場合は，保険はセットになっている），輸送に細心の注意を払わなければならないのは同様である。学芸員によるハンドキャリーの場合，資料の梱包は借用側の学芸員自身が行う必要があり，相応の梱包技術が必要になる。

公益財団法人日本博物館協会編『博物館資料取扱いガイドブック 第２次改訂版』ぎょうせい，2023年。

④ 設計図面作成

展示のストーリーが固まり，展示資料がおおむね決定したところで，展示室の図面を作成する。図面作成は学芸員のみで行うこともあるし，展示業者に委託して行うこともある。展示業者に委託する場合は，学芸員と入念に打ち合わせを重ねながら図面を作成していく。館によっては，開催の1年以上前に予算取りのための図面を，開催数カ月前にブラッシュアップした工事用の図面を作成するという二段階の図面作成を行うこともある。

図面作成の際には,来館者にとってわかりやすい導線を意識し，また，導線の幅が十分に確保されているか（車いすも通れるか）などにも注意しながら，展示物や解説パネルを配置していく。その際，入り口で来館者を出迎える「アイキャッチ」となる展示や，来館者に最もインパクトを与える「シンボル」となる展示物（多くは中央付近に大型の展示物を配置する）を工夫すると，よりメリハリのある企画展示となる。なお，図面は，平面図とともに立面図も作成し，壁面に展示物をどのように配置するか，展示資料の高さ（子どもにとっても見やすい高さか）なども配慮する。

設計にあたって，資料のサイズと，自館が有している什器（じゅうき）をあらかじめ把握することは非常に重要である。展示資料に応じて適切な展示ケースや照明，モニターなどを選択して配置する。適した什器がない場合は，工事の際に製作もしくは購入する必要が生じる。

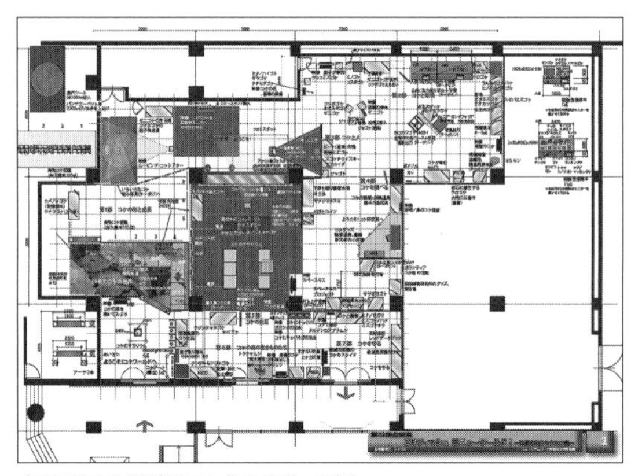

企画展示の設計図面（平面図）の例

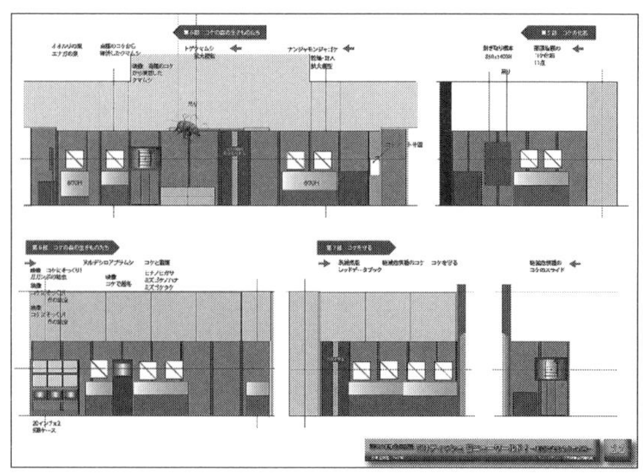

企画展示の設計図面（立面図）の例

企画展示のポスターの例

⑤ 印刷物の作成と広報

企画展示開催の半年ほど前には正式なタイトルを決定し，本格的な広報を開始する。タイトルは，来館を促進するような，キャッチーでわかりやすいものにすべきなのはいうまでもない。ポスターやチラシの製作には，デザイナーや印刷業者など，プロの力が必要となるが，素材となる写真やイラストの用意や，何をメインで伝えたいかなど，学芸員が果たさなければならない仕事も多い。印刷物の作成には時間が必要で，ポスターの入稿から納品まで１カ月以上かかるのがふつうである。せっかくつくったポスターやチラシはできるかぎり長く，たくさんの人の目に触れなければ意味がないので，開催の４～５カ月前から準備を開始するのが望ましい。

広報はポスターやチラシのほか，ウェブサイト，SNS，歩道橋の横断幕，テレビやラジオのCM，電車の吊り広告，雑誌，新聞など，館によって，予算に応じてさまざまな媒体で工夫して行っている。

ポスターやチラシ，図録は学芸員をめざすには貴重な情報になるね。

⑥ 展示解説書／図録の作成

すべての館で行われているわけではないが，企画展示に合わせて展示解説書や図録が作成されることが多い。美術館や人文系の博物館では，展示資料の写真がメインとなり，企画展示に合わせてつくられる冊子は「図録」と呼ばれるが，自然科学系の博物館では，展示資料だけではなく生態写真や図版なども交えて読み物的につくられていることが多く，そのような場合，「図録」ではなく「展示解説書」と呼ぶほうが適している。

展示解説書の執筆は，基本的に学芸員が行う。ページ数がそれほど多くないとはいえ，企画展示の準備と並行しながら1冊の本を作成することになるため，学芸員が追う負担は非常に大きい。しかし，展示解説書を執筆するなかで，展示のストーリーがより洗練されていったり，館内で校正を行い，誤りやわかりづらい点を修正したりすることができ，企画展示の完成度をより高めることにもつながる。また，展示室の解説パネルは，展示解説書をベースにして作成することが多い。

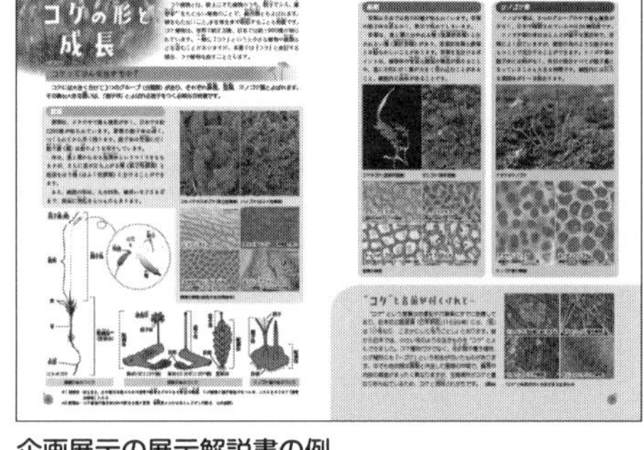

企画展示の展示解説書の例

ポスターなどの印刷物と同様，校正や印刷には時間がかかるため，企画展示開催の半年ほど前から準備を行うことが望ましい。

⑦ 設営と列品

企画展示開催の約3週間前になると，いよいよ展示の設営とディスプレイが始まる。設営は，規模に応じて，展示業者に委託する場合と，館職員のみで行う場合とがある。設計図面に基づいて，壁や展示ケース，解説パネルなどを配置していく。解説パネルや資料のラベル(キャプション)は，誤字脱字をなくすために，早めに（2カ月ほど前）準備を始めて館内で校正するのが望ましい。解説パネルやラベルは，文字のサイズ，行間，デザインなどを工夫し，来館者の立ち位置から読みやすいものにするべきである。ユニバーサルデザインのフォントを用いるのも推奨される。また，コーナーごとに色を変えるなどの工夫もよい効果をもたらす。また，ナビゲーションキャラクターを用意し，吹き出しなどで子どもでもわかりやすいワンポイント解説を加えるのもよい。

展示ケースなどの什器の配置を終えたら，展示資料とラベルを列品していく。ケース内に見やすく，美しく列品するのは，学芸員の腕の見せ所である。適宜，台を用いるなどして奥の資料を見やすくしたり，色のついた敷物を敷いて特定の資料を目立たせたりするなど，工夫を行う。また，資料が美しく並んでいても，ラベルが曲がっていては興ざめするので，目分量ではなくコンベッ

クスや定規を用いて間隔や平行をしっかり取るなど，細部にも気を配りながら列品を行っていく。なお，来館者が展示室を歩くことによる振動は展示物に少なからず影響を与える。突然の地震に備えるためにも，不安定な資料をテグスなどで台に固定することも必要である。

おおまかな列品が終わったら，ライティングを行う。資料によって適切な照度と角度で光が当たるよう，学芸員が資料ごとに細かく確認しながらライティングを行う必要がある。とくに動物の剥製や恐竜の骨格標本などは，ライティングの良し悪しで資料の見え方がまったく異なり，まさにライティングが最後に「命を吹き込む」ような効果をもたらすこともある。なお，資料によっては，光による退色を防ぐために照度を抑えなければならない場合もあり，適宜，照度計を用いながら，ランプの種類や位置を調整する。

列品とライティングが終わったら，来館者目線でのチェックを行い，安全性の確認や細部の調整をしてから，展示のオープンとなる。

解説パネルと展示ケースの例

藤原工『学芸員のための展示照明ハンドブック』〈KS 理工学専門書〉講談社，2014年。展示のライティングについて詳しく記述している。

2　理工系の企画展示―実験型・体験型展示とキュレーション

（1）理工系博物館の展示の特徴

理工系博物館には，どのような展示がならんでいるだろうか。たとえば，自動車，鉄道車両などの実車，初期のテレビや冷蔵庫，パソコンやゲーム機などの実機，すでに現存しない和船や航空機の復元模型，発電所から家庭までの電力系統を俯瞰する広大なジオラマなどが思い浮かぶかもしれない。

これらは，その産業技術が発展した歴史や時代背景，文化や社会状況を語る資料でもあり，または産業成果物のデザインの美しさや製作技術のすばらしさなどを語る資料でもある。その点においては歴史博物館や美術館の展示と変わりはないといえる。

ただ，理工系博物館においては，歴史や文化などとともに，使われている技術や，その技術の背景にある科学原理を伝えることも重要視している。また，いわゆる科学館と呼ばれる館種においては，その科学原理を学んでもらうことを大きな目的の１つとしている。しかし科学原理は現象が起きなければ見たり感じたりすることはできない。そこで，その現象を引き起こす，または可視化する実験型展示や体験型展示が存在する。ゆえにほかの館種より比較的，実験型や体験型の展示が多いことは，理工系博物館の特徴の１つであろう。近年では映像技術や情報技術の進歩により，さまざまな手法の実験型，体験型展示が登場している。

映像技術を活用した体験型展示

ここでは，理工系博物館の代表的な展示手法である実験型展示，体験型展示ができるまでの流れを追っていこう。実験型，体験型展示は，基本的には製作されるもの，つまり製品である。よって，きちんとした構想および計画をもとにした設計，製作が必要であり，内容とともに操作性，耐久性，メンテナンス性，そして安全性が求められる。

（2）展示ができるまでの流れ

展示ができるまでには，いくつかの段階を経ることになるが，大きくは，①基本構想，②基本計画，③設計（基本・実施），④製作の４段階に分けられる。

① 基本構想

展示を行う背景および目的のもと，展示内容とともに必要な資料の収集，公開後の運営方法などの基本方針を立てる。方針を立てるにあたり来館者調査などを行う場合もある。骨組みづくりの段階であり，基本構想書が作成される。

② 基本計画

基本構想を具体化し，展示の詳細な内容，収集する資料，運営の方法などを決定し，それにより必要な予算も決まっていく。骨組みに肉づけをし，展示の全体像ができあがり，基本計画書が作成される。

③ 設計（基本・実施）

全体像ができたら，製作へ向かうことになるが，完成度の高い展示を製作するためには，事前に綿密な設計を行わなくてはならない。設計と製作はある程度の規模の展示になれば展示会社に発注する場合が多い。

設計には，基本設計と実施設計の２つの段階がある。実験型や体験型の展示の場合，基本設計では，展示内容や手法とともに素材や必要な機材・機器の構成，設置方法などを決めていく。そして，実施設計では，さらに安全性や耐久性などを考慮し，場合によっては模型などを作成して，構造や寸法を定めた詳細な設計図を作成する。

④ 製作

設計図に従って展示を製作する。製作においても，必要に応じて試作により展示の効果や安全性・耐久性を確認する。実際につくってみると設計図では見えなかった課題が生じる場合がある。完成したら現場に設置され（規模によっては現場で組立），検査を行い問題がなければ竣工となるが，実験型や体験型展示は，一定期間ランニングテストを行い不具合がでないかを確認する。すべてクリアしたら，竣工写真を撮るとともに竣工図を作成し，さらに操作マニュアル，運営マニュアルなども作成される。

■現場の状況を知っておく

設計の段階において設置場所の環境や条件を知っておくことが重要となる。たとえば，床の素材や耐荷重，電源の回路数や容量，水場の有無，搬入口の大きさ，照明や空調，非常口の位置など建物の構造やインフラの状況，運営用の設備などによる条件や制約は，とくに，大規模の実験型展示や体験型展示においては設計に大きく影響する。展示設計・製作のガイドラインを展示会社に提示している館もある。ガイドラインには，その館の電力系統の制約から推奨する機器やスイッチまで細かく記されている例もある。

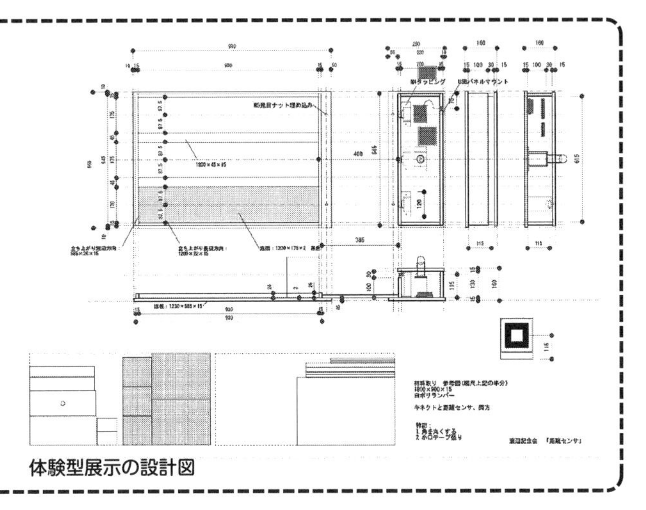

体験型展示の設計図

（3）学芸員がかかわること

さて，展示ができるまでの流れのなかで，学芸員はどのようにかかわっているのだろうか。

学芸員は，どの段階においても何かしらたずさわることになるが，とくに基本構想と基本計画で重要な役割を担う。展示の基本方針を立て，内容を具体化するにあたり学芸員が考えるべき重要な要素がある。

第一に，展示の「目的」を明確にすることである。これはその展示を行うこととなった背景からくるものである。展示は，学芸員がただやりたいからやるのではない（そのような例もまったくないとはいえないが)。たとえば,「現在の展示に不足しているテーマや分野を補完する必要が出てきた」「SDGs など社会的なテーマに対して発信する必要が出てきた」など，自館の課題や社会教育機関として求められる取り組みなど，基本的には何らかの背景があり，その背景をもとに展示の「目的」を明確にする必要がある。

第二に，「目的」に関連して考える必要があるのが「対象」である。主にどのような来館者層を「対象」とするのか，子どもなのか大人なのか／子どもでも小学生なのか／中学生なのか／それとも未就学児童なのかなどメインターゲットを決める。できれば，あらゆる層を対象にしたいところであるが，あらゆる層に同じレベルで示すことは非常にむずかしい。当然ながら小学校１年生と６年生とでは得ている知識や経験が大きく異なっており，両者に同じレベルで提示することは困難である。「目的」を考慮して「対象」を決めることが望ましい。

そして第三に，その「対象」に対する「効果」（ねらい）を考える必要がある。展示を見たり体験したりして，どのような意識や考え，知識などを得てもらいたいかを定める。もちろん，すべての見学者，体験者がねらいどおりにはなるとは限らないが，博物館側の意図を明確にする必要がある。

第四は，博物館側の意図を伝えやすくするために，展示に「文脈」（ストーリー）をもたせることも重要となる。それは，展示コーナー全体でのストーリーだけではなく，１つひとつの展示においてもストーリーをもたせることが望まれる。実験型展示は，ボタンを押して科学現象を起こし，それを見て実感し，その原理を解説パネルで読んで理解してもらえれば，その原理の学習という点では完結する。しかし，博物館側には，なぜ，その科学現象をみてもらい，その原理を学んでもらいたいのかという理由（意図）がある。そこで，たとえば右の①～⑥のストーリー展開で示すことで，その科学現象について深く考えてもらい，その応用例と有効性を知ってもらい，さらに家に帰ってからも日常生活で想起してもらうことにつながる可能性が出てくるのである（これが，その展示の「目的」と「効果」）。

ストーリー展開の例

①「ボタンを押してみよう」
②「何が起きたかな」
③「どうしてそうなるのだろう」
④「その理由（原理）は…」
⑤「この原理は，じつはこんな技術に使われているよ」
⑥「そして，その技術で日常のこんな課題が解決しているんだ」

そして，第五に展示の「手法」である。実験型がよいのか，体験型がよいのか，実物や映像と組み合わせたほうがよいのかなど，定めた「目的」と「対象」への「効果」を「文脈」と合わせて達成させるために適切な「手法」を選択することが重要となる。気をつけなければならないのは「手法」ありきではないことである。

この「手法」を使える展示をしたいという考え方は，“なし”とはいわないが望ましくはない。実際に，映像やグラフィックで説明したほうがわかりやすいのに，見栄えがよく，引き込みやすいという理由だけで体験型にしてしまったために，何を伝えたいのかがかえってわからなくなってしまうケースも生じている。適切な「手法」の選択は学芸員の腕にかかっている。

■予備実験や試作は欠かせない

実験型展示や体験型展示では，基本計画や設計の段階で現象がきちんと起こるのか，どのように見えるか，安全であるのか，などを予備実験や試作をして確かめておく必要がある。必要に応じて実物大の模型をつくって検証する場合もある。製作後に，ろくに現象が起こらない，現象は起こるけどとても見づらい，子どもには操作が危険などということが判明したら，時間的にも予算的にも大きな損害となる。

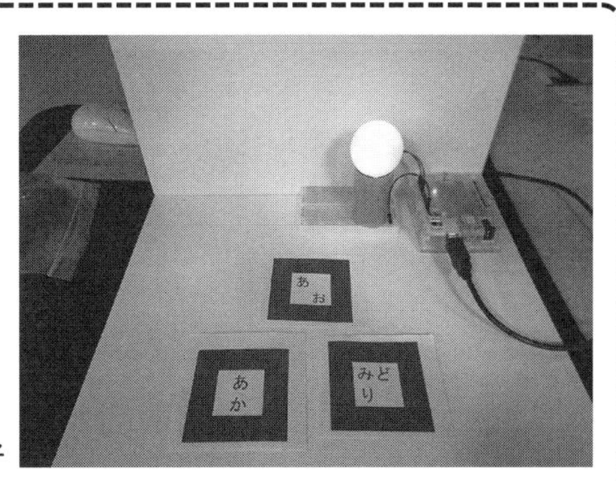

試作・予備実験の様子

（4）完成して終わりではない

展示は，設置して終わりではない。公開前の一定期間にランニングテストを行う必要がある。たとえば，一定以上の時間稼働させるとシステムが止まってしまう，何度も操作すると壊れてしまう部分が出てくるなど不具合が生じる場合があるからである。ランニングテストは館のスタッフや募集した被験者などが行う。

また，この期間に，スタッフは運営マニュアルをもとに，開館前の立ち上げや閉館後の立ち下げ方法，異常発生時の復帰方法，解説の内容や方法の確認なども行う。ランニングテストで安定した動作や適切な運営を確認したうえで公開するのである。

また，展示は公開して終わりではない。多くの来館者が連続的に体験することで，新たな不具合が生じることや，解説方法，運営方法に課題が見つかることもある。さらに，不具合だけでなく，意図していた効果が得られているかどうか展示評価を行って確認し，必要に応じて改善を行うことも重要である。そして，来館者が操作する実験型展示や体験型展示は，ほかの展示手法に比べ劣化が激しくなる可能性が高い。ゆえに，来館者の安全を第一に考え，日々のメンテナンスを欠かせない。

実験型や体験型の展示は，ある面では来館者とスタッフで育てていく展示であるともいえる。

■展示製作の予算はどこから

展示製作にかかる経費は，新規の展示を１つだけ製作するのか，常設展示の全面リニューアルなのか，特別展での一時的な展示なのかなど，当然ながらその目的や規模，数量などで大きく異なる。しかも，実験型や体験型展示は，必ず設計・製作を行う必要があり，実物展示や標本展示などよりも経費がかかる。また，展示を製作したいと思ってもいきなり予算を組めるわけではない。基本的には前年度に予算を立てて承認を得ておかなくてはならない。その予算獲得のために重要となるのが基本構想書や基本計画書であり，よって，この段階に大きくかかわる学芸員は予算獲得のことも強く意識しなくてはならない。しかし，それでも予算取りはなかなか厳しいところである。

そこで，外部資金の獲得が１つの策となる。スポンサーの獲得やクラウドファンディングなどによる寄付の募集，補助金や助成金の申請などがあげられる。もちろんこれらも簡単なことではない。スポンサーや寄付者に賛同を得てもらわなくてはならないし，補助・助成の審査を通るような申請書を書かなくてはならない。予算を獲得する術も学芸員には求められている。

（5）展示にかかわる人たち

実験型・体験型展示ができるまでの流れを追ってきたが，当然ながらこの間にいろいろな人または組織がかかわっている。

博物館の内部では，学芸員をはじめ解説スタッフ，技術スタッフなど運営部門に加え，施設・設備を管理する総務部門や経費の処理をする経理部門などのスタッフもかかわってくる。博物館の外部ではさまざまな面でさまざまな人または組織が必要に応じてかかわってくる。少し例をあげてみよう（表5.1を参照）。

外部の人や組織は，必要に応じてかかわってくる。たとえば，学芸員が中心となって展示の内容を考えていくが，内容の正確性を高めるために，その分野の研究者や専門家に，展示で見せる実験内容や解説パネルの文章の監修などを依頼することもある。

また，実験型や体験型展示においても，伝える内容によっては実物資料や模型資料も合わせて展示することもあり，資料をほかの博物館や企業などから借用する場合もある。

設計・製作においては，展示会社が元受けとなって，展示の装置の設計・製作，解説パネルなどのグラフィックのデザイン，映

表5.1　博物館の外部でかかわる人・組織

項　目	かかわる外部の人・組織の例
展示内容	・実験内容や体験内容の監修者 ・解説パネルの監修者（または執筆者） ・写真や映像，データなどの提供書（企業や団体，個人） ・シナリオライター ・実物や模型などの寄贈者・貸与者（ほかの博物館，企業や団体，個人）など
展示設計・製作	・展示会社（ディレクター，デザイナー，技術者など） ・映像制作会社（展示会社を通す場合が多い） ・予備実験の指導者 ・施工監理者（基本的に展示を製作する会社とは異なる会社とする）など
資　金	・スポンサー・寄付者（企業や団体，個人） ・補助金・助成金の支援団体（日本宝くじ協会，日本財団，JKAなど）など
運　営	・来館者（展示の評価者） ・展示会社（保守管理者）など

像コンテンツの制作などを行うことが多い。よって，かかわり方もケースによって大きく異なる。

ただし，必ず展示にかかわる人がいる。それは，もちろん来館者である。来館者は，正式に依頼する／しないにかかわらず，展示の評価者であり，展示に最も深くかかわる人であることを意識しなくてはならない。

日ごろから館内外の人たちとのコミュニケーションを心がけないとね。

（6）展示はすべての事業に通ず

博物館の事業は，大きく分けると資料の収集，調査研究，保管（保存），展示，教育となるが，展示はほかのすべての事業に通じている。

まず展示をつくるためには，必ず資料が必要であり収集しなくてはならない。実験型や体験型展示の製作においては，実物資料の収集というよりは情報の収集が主となるであろうが，この収集した情報をもとに，展示の内容や手法・技法を検討する。それは，結果的に展示の技術研究となる。また，公開後は展示の維持管理をしなくてはならない。実物資料も合わせた展示であれば，収蔵庫とは異なる資料にとっては厳しい環境であり，保管についての配慮が必要となる。また，展示だけでは伝えられることに限界がある。とくに体験型の展示は体験の仕方により異なる現象が起こる場合もあり，すべてを説明することできない。そこで，説明を補完するために，実験ショーなどの教育プログラムを開発して実施することにつながることも生じる。

展示は基本構想から製作，運営を通して，博物館のほかの事業を実践することになるとともに，博物館の機能を広げることにもつながる重要な事業である。

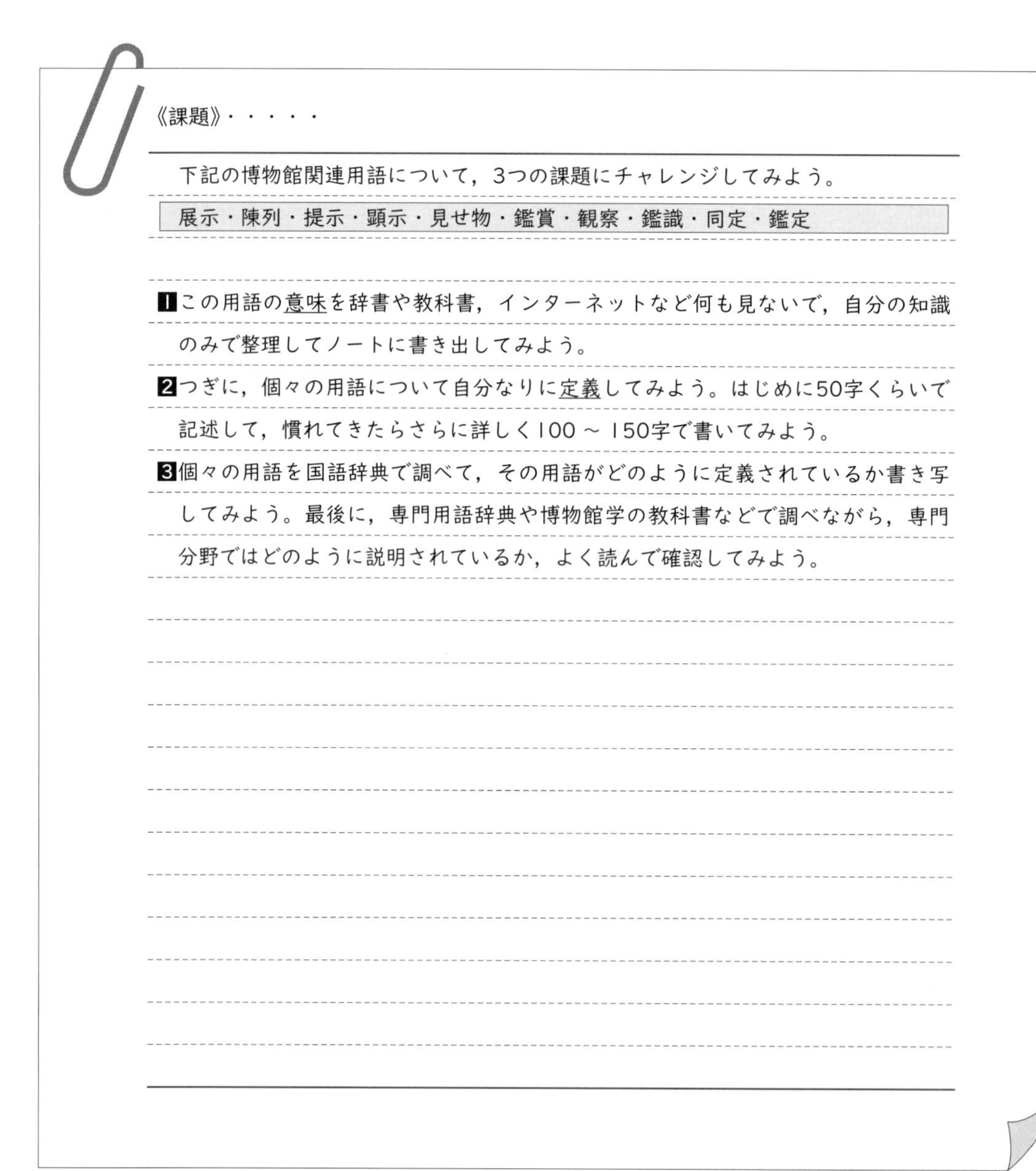

特論1
理工系博物館の学芸員の仕事

1 「ミス・ビードル号」の復元模型製作のプロジェクト

博物館法によれば，「学芸員は，博物館資料の収集，保管，展示及び調査研究その他これと関連する事業についての専門的事項をつかさどる」（第四条・4項）ことになっており，事実，これらの事業を中心となって行っている。

本書編者の水嶋英治の著書『文化財教育学ことはじめ』（勉誠出版，2006年）には，新約聖書の一文を引用して，学芸員のもつべき3つの精神について記されている。

「求めよ，さらば与えられん」（求める精神）
「尋ねよ，さらば見出さん」（訪ね歩く精神）
「門を叩け，さらば開かれん」（門を叩く精神）

資料収集の仕事をするときは，とくにこの精神の必要性を実感する。

その書籍が出版される前の話であるが，2003年に青森県三沢市に「青森県立三沢航空科学館」という科学館が開館した。この館は，航空や気象をテーマに関係する科学についての体験型展示や実験型展示が並ぶとともに，青森県にゆかりのある航空機の実機や実物大の復元模型を展示している。そのなかにはお寺のご本尊ともいえる復元模型があり，館内に演出的に建てられたハンガー（格納庫）に鎮座している。1931年10月4日に青森県三沢市の海岸を飛び立ち，約41時間かけてアメリカのワシントン州ウェナッチ市に着陸し，世界初の太平洋無着陸横断飛行を成し遂げた「ミス・ビードル号」である。博物館の仕事に就いて3年目に，幸運にもこの復元模型製作のプロジェクトにかかわらせてもらうこととなった。

このプロジェクトでは，三沢から飛び立つときの形状を可能なかぎり正確に復元することを最重視していた。しかし，当初復元の参考となる資料があまり揃っていなかった。この機体は，もともとベランカ社の生産機をベースに，長距離を飛べるようにするためさまざまな改造がなされていた。しかも，離陸後に機体を軽くするために車輪がついた主脚を切り離していたので，ウェナッチでは胴体着陸をして機体の一部は損傷。その後，修理されて名前を変えて飛行していたが，それも現存はしていない。生産機なので元の図面はあるが，改造に関する情報がとくに足りなかったのである。とにかくできるかぎり情報を得ようと動き，ウェナッチまで飛ぶこととなった。

「ノースセントラル・ワシントン・ミュージアム」（現在の名称は「ウェナッチバレーミュージアム」）

という博物館があり，着陸したウェナッチ側も当然ビードル号の偉業を称えて展示をしている。いま考えるとたいへん失礼だったかと思うが，とにかくアポイントなしで飛び込んだ。片言の英語で「日本から来ました。ミス・ビードル号に関する資料を探しています」と恐々と言うと，「いま詳しいスタッフを呼んでくるから待ってなさい」と言われ，しばらくすると若いキュレータが現れた。館内の収蔵庫に連れていってくれて，着陸した当時の写真や模型などさまざまな資料を見せてくれた。しかも，英語が苦手なのを察すると，やさしい表現にして説明してくれた。

ミス・ビードル号（青森県立三沢航空科学館の復元模型）

さらに，その当時，ウェナッチでは飛行できるミス・ビードル号の復元機を製作して，実際に飛ばす計画が進められており，その復元機の製作現場に車で連れて行ってもらった。主翼や尾翼の一部がすでに試作されていて，写真を撮らせていただき，こちらの復元模型製作の参考とすることができた。先に述べた３つの精神を思うとき，必ずこの経験が真っ先に浮かぶ。

もちろん，これだけでは情報はまったく足りなく，その後もプロジェクトチームが一丸となって資料の収集に力を注ぎ，またノースセントラル・ワシントンミュージアムの館長をはじめとする国内外のさまざまな協力を得て，三沢を出発する直前の機体の写真，飛行記録についての文献，ウェナッチで着陸する瞬間の動画，着陸後の機体の写真などさまざまな資料を入手することができた。それらをもとに専門家からの意見をいただきながら，どのような改造がなされたかなどを推察し，設計図面に落としていった。

復元模型の設計・製作は，着陸地のウェナッチにある工房に依頼し，プロジェクトチームが収集した資料も参照しながら進められた。製作期間中は，この工房から毎月製作状況を報告してもらい，自分はそれをもとに進捗を監理する役目を任されていた。このプロジェクトでは，製作過程を映像で記録して，復元模型のそばで上映することも計画していた。よって映像は，単なる記録映像ではなく，展示映像としても成り立つ構成とする必要があった。映像制作プロデューサが入って，どのタイミングで何を撮影するのかを製作の進捗状況をもとに調整されたので，その点でも責任重大であった。

あと３カ月で開館という時期に予定どおり製作を終了。ミス・ビードル号の復元模型は無着陸横断飛行とは逆方向に海を渡り，三沢航空科学館へとやって来た。胴体と主翼とに分けられて搬送され，館内で組み立てられた。赤く輝く美しい機体を見たとき，チームの一員としてかかわらせてもらったことに改めて感謝した。

2　特別展「映像技術で魅せる科学技術」のプロデュース

上述のプロジェクトから約15年が経ち，自館の特別展をプロデュースすることとなった。この間いろいろな仕事を経験してきたが，３つの精神については，その重要性をより強く感じるようになっていた。

博物館法の第三条第６項に「博物館資料の保管及び展示等に関する技術的研究を行うこと」と規定されている。さまざまな技法を活用する体験型展示が多い理工系博物館では，展示に関する技術研究も学芸員がかかわる主要な仕事である。

この特別展は「映像技術で魅せる科学技術」と題し，研究機関や大学，企業などの研究開発の成果として生成された可視化データを，ARや疑似ホログラム，プロジェクションマッピングなどの映像技術を用いて公開することを目的としているが，単に展示活動としてだけではなく，映像技術を活用した展示手法・技術の効果を測定する調査研究活動でもあった。

可視化データの調査および収集は，支援いただいている研究機関や企業を主体にまわっていたが，不思議なことに，こちらから何も言っていないのに，これまでほとんど接触のなかった研究機関から可視化データの話をもち込んできて，結果的に特別展の展示へとつながった。また，学会の懇親会で初めて会った人と話をしていたら，じつは可視化技術の研究開発を行っている人だったということもあった。後日連絡して詳しく話をうかがい，こちらも展示へとつながった。最終的に，昆虫など本物の生物を特殊な装置で撮影し中身まで可視化したデータや低燃費を実現する自動車の空力特性を可視化したデータなどを入手した。

映像技術については，国内の技術展示会などを視察して調査した。展示会では多種多様な企業が自社の技術や製品を紹介している。活用できると思われる技術については，その企業の人に説明を聞いた。ところが，これがまた不思議なことに，数日後に説明を聞いた企業とは別の企業から製品（疑似ホログラム）のデモンストレーションに来たいとの連絡があった。実際に見て使えると思い，詳しく話を聞かせてもらうこととなった。その後，ショールームにうかがって，こちらがやりたいことを実際に試させていただき，これもまた展示へとつながった。このような不思議な出会いが続いたのは，自分の３つの精神が表れていたからだと思いたいところである。

また，この特別展では，AR（拡張現実：Augmented Reality）を使った体験型展示の開発も行った。ARのプログラムは自分が作成し，簡易に試作した展示で同僚の技術スタッフに説明して，機器類の設定や什器の製作などをしてもらい展示として完成させた。さらに，ARを使って解説する実験ショーを開発し，展示室内に設けたステージで実演した。このステージでは，可視化データを提供いただいた研究者や展示に活用した映像技術の開発者による講演なども行った。

ところで，特別展に限らず事業を行うには予算が必要である。予算を獲得し，獲得後に管理していくことも学芸員が行うことはよくある。テレビ局や新聞社などがスポンサーとなる大規模な特別展であれば予算も大きく取れるが，この特別展は規模が小さく，スポンサーの獲得もむずかしい状況であった。そこで，予算獲得の手段として外部機関の補助金を活用することとした。

特別展「映像技術で魅せる科学技術」

特別展の開催日が近づくにつれ，原稿執筆に追われていた。展示の解説パネルだけでなく，ウェブサイトやチラシなどの広報用原稿も書かなくてはならない。ほかにも講師との調整やアルバイトの手配，会場設営や機材搬入のスケジュール調整，会場の電気容量の確認，必要な備品・道具類の確保など事前に準備しておかなくてはならないことがたくさんある。

準備に追われながら，ついに開催の日を迎えた。ここからが本番である。開催中は，展示の解説などの来館者対応，映像機器の立ち上げなどの展示管理，当日のシフト組みなどのアルバイトの管理，実験ショーや講演などのステージの運営と，またまた作業に追われることになるが，来館者が楽しく展示を体験していたり，感動していたりする様子を見ると疲れも吹き飛ぶものである。

さて航空機の復元模型製作と特別展のプロデュースの事例を紹介したが，学芸員の仕事とは，理工系博物館に限らず，時代に関係なく，仕事の規模や自分の役割の大小に関わらず，全体を俯瞰して見る仕事だと考える。野球でいえばキャッチャー，サッカーでいえばミッドフィールダー（司令塔）であろうか。決して監督やコーチではない。なぜなら学芸員はフィールドに出るプレーヤーであるべきと考えるからである。そして，博物館の仕事も野球やサッカーと同じく一人ではできない。それぞれの特異な能力を持つ者たちがチームになって力を合わせて目的を達成させるのである。このような表現をすると気に食わない学芸員の人もいるかと思うが，自分の経験からの個人的な意見であるとしてご容赦いただきたい。

［中村 隆］

6 経営論

1　非営利組織の経営

わが国において博物館の経営が重要視されはじめたのは1990年代である。1970～1980年代のいわゆる高度経済成長時代，バブル時代と明治100年を記念しての県立博物館建設ブームがあった。また科学教育の進展により，科学教育の現代化運動もあり，各地の博物館と学校の理科教育を振興する科学館，青少年科学センターなどの建設が行われた。

博物館は公共施設として，公的資金によって運営されるのが当たり前であった時代から，1990年代になり国および地方行政の財政状況が悪化するなかで，それらを健全に経営するための課題が顕在化してきたのである。公的資金の使い方などに対する説明責任，透明性，公務員人件費の削減などの見直しがされ，博物館経営の重要性が増してきた。

一般に経営とは，「事業目的を達成するために，継続的・計画的に意思決定をおこなって実行に移し，事業を管理遂行すること。また，そのための組織体」（『デジタル大辞泉』小学館）といわれている。企業は事業目的を達成するために，計画的に事業を展開し，製品やサービスの対価を購買者からもらい，利益を得て，人材・設備・知的財産に投資し，企業自体が成長し，その利益を株式の配当などの形で株主等に還元していく。いっぽう，博物館は事業を計画的に展開するが，利用者からの対価は非常に少なく，利益を生じることはなく，そもそも利益を目的としておらず，社会からの支援により運営され，よりよい社会の構築に貢献することを目的として運営されている。

2022年のICOMの博物館定義によると，「博物館は，有形及び無形の遺産を研究，収集，保存，解釈，展示する，社会のための

非営利の常設機関である。博物館は一般に公開され，誰もが利用でき，包摂的であって，多様性と持続可能性を育む。倫理的かつ専門性をもってコミュニケーションを図り，コミュニティの参加とともに博物館は活動し，教育，愉しみ，省察と知識共有のための様々な経験を提供する」とされている。この定義文の冒頭にあるように，博物館は非営利の常設機関である。博物館の経営において非営利であることが重要な視点である（図6.1）。

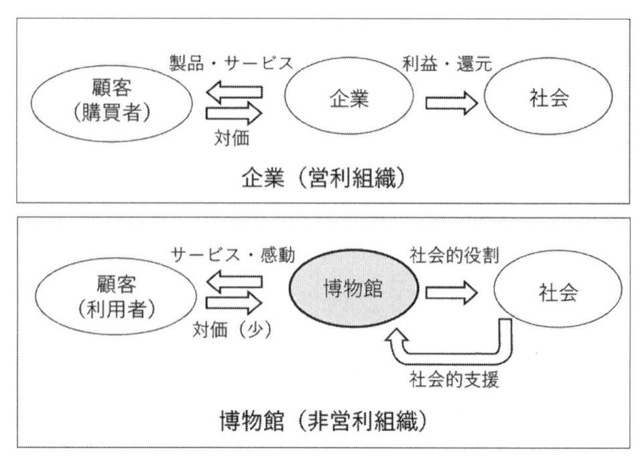

図6.1　一般企業と博物館の経営の違い

2　使命・目標・計画

（1）使命・目標・計画とは

ドラッガーはその著書で，経営とは，組織して成果を上げさせるための道具，機能，組織であり，「あらゆる組織において共通のものの見方，理解，方向づけ，努力を実現するには『われわれの事業は何か。何であるべきか』を定義することが不可欠である」(29頁）としている。非営利組織のマネジメントは，使命・目標の明確化が重要である。

P.F. ドラッガー／上田惇生・田代正美訳『非営利組織の経営―原理と実践』ダイヤモンド社，1991年。

使命とは，その組織の定義づけであり，社会における存在理由である。「博物館とは何か／博物館は何のために存在するのか／博物館は社会に存在してどのような貢献ができるのか／博物館がどのような社会をつくっていこうと考えているのか」などを明確に述べたものである。図6.2は，使命－中期目標－中期計画－年度計画を構造化したものである。目標とは，使命を実現するために必要な事業の目標である。その目標を到達するための計画を立てる。計画は５年間程度の中期計画とさらにそれを詳細に記述された年度計画（１年間の計画）からなり，使命・目標・計画の関係性が論理的に矛盾なく構造化される。

岩崎夏海『もし高校野球のマネージャーがドラッガーの「マネジメント」を読んだら』新潮社，2015年。

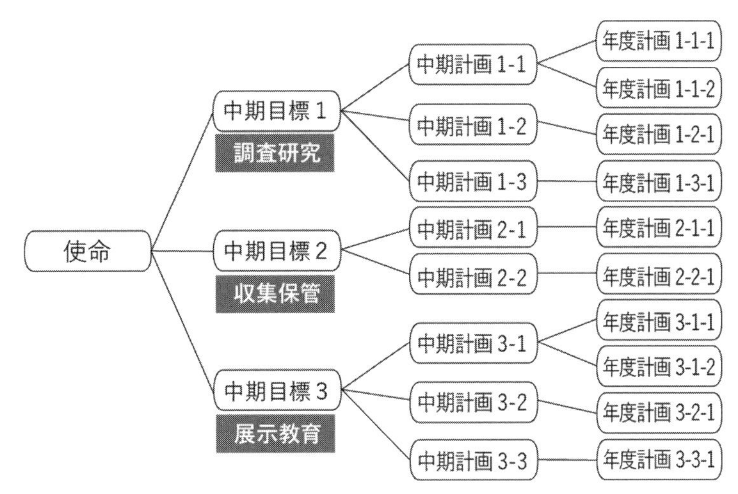

図6.2　使命・目標・計画の戦略構造図　これらは論理の樹木のように見えるのでロジックツリー，あるいはロジックモデルといわれる。

出所：国立科学博物館の例をもとに筆者作成

（2）使命・目標・計画の例

■国立科学博物館の使命・目標・計画―第5期中期目標（2021～2025）より

使命：国立科学博物館は自然史及び科学技術史の中核的研究機関として，また我が国の主導的な博物館として調査・研究，標本・資料の収集・保管・活用，展示・学習支援活動を通じ，人々が，地球規模課題を含む地球や生命，科学技術に対する認識を深め，地球と人類の望ましい関係について考察することに貢献する。

中期目標：調査研究（自然史，科学技術史分野），資料の収集保管（ナショナルコレクションの構築），展示教育（科学リテラシーの涵養）に係る5年間の目標とそれを実現するための計画（5年間の中期計画及び年度計画）を策定している。

科学系博物館の使命と目標（計画）を調べ，その使命・目標・計画の戦略構造図に当てはめてみよう。

3　博物館のヒト，モノ，カネ

博物館を経営組織と考えると，そこにある経営資源には，学芸員をはじめとする人材，標本資料などの物的資源，博物館経営に必要な財源，さらには，標本資料やイベントなどにかかわる情報，研究成果や論文などの知的資源がある。これらの資源を効率的に活用して最大限の効果を生み出すのが博物館の経営の要点である。使命と計画を策定し，それを実現する組織をつくり，経営資源を計画に基づき投下する。その結果，資料の収集保管，展示，教育活動が実施される。とくに自然史博物館では，標本を集め，研究し，その標本の分類と学術的価値を見極めて，研究成果として，展示，論文などで発表する。さらに多くの標本を集めることでデータベースを構築し，一般に公開する（オープンサイエンス）。

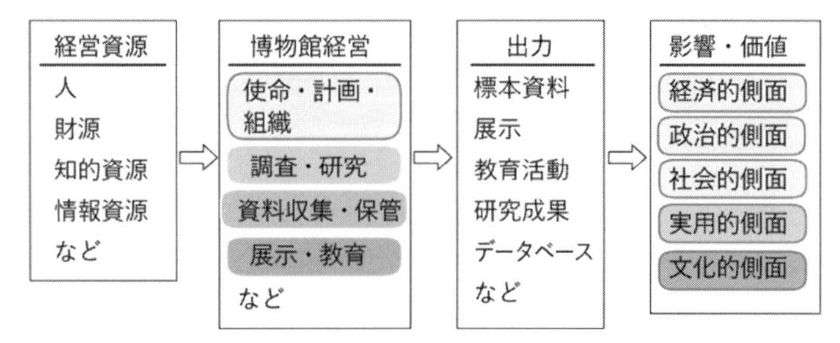

図6.4　博物館の経営資源と社会における影響力

出所：小川義和「多様化する社会におけるミュージアムを考える」『日本ミュージアム・マネージメント学会会報』No. 67，9-10頁，2015年をもとに改変

オープンサイエンス：専門家だけでなくあらゆる人々が科学的情報やその成果の情報にアクセスでき，研究活動に参加できるようにすること。オープンサイエンスには，近年公的資金を活用している科学研究プロセスの透明化などの科学技術政策の面から取り組みとICTの進展に伴う技術的な面からの取り組みがある（第9章2節を参照）。

これらの教育活動，展示，論文，データベースは，人々に対して影響を与える。具体的には多くの人が展示を見学にするために博物館に訪問することで，博物館周辺への経済的効果があるだろう。標本資料のデータベースを活用することで，将来の生物多様性のあり方を考え，温暖化の影響を知ることができ，教育的意義と実用的な価値を見いだすこともできる。たとえば，プラスティックが含まれたクジラの胃の内容物を展示することで海洋プラスティックについての人々の社会的関心を高めることができるであろう。

このように博物館は経営資源を効果的に活用して，社会に対し，その存在意義を発信し，価値を人々と分かち合うことが期待できる（図6.4）。

4　博物館を支える組織とヒト

（1）科学博物館を支えるネットワーク

令和3年度の社会教育調査によれば，日本には博物館が5771館あり，そのうち自然科学に関する資料を扱う科学博物館は447館ある。総合博物館，野外博物館のなかには自然科学に関する資料を収集保管し展示し研究している博物館もあり，また動物園，植物園，水族館なども自然科学に関する資料（生き物）を飼育・管理している博物館とみなすことができる（表6.1）。

表6.1　種類別博物館の数

	歴史	美術	科学	総合	植物園	野外	動物園	水族館	動植物園
登録博物館：911館 〈設置主体〉教育委員会，一般社団・財団法人，宗教法人 〈登録要件〉館長・学芸員の必置，年間150日以上の開館等 ※都道府県，指定都市教委による登録が必要	331	360	65	133	2	11	1	8	0
指定施設：394館 〈設置主体〉制限なし 〈登録要件〉学芸員相当職の必置，年間100日以上の開館等 ※国又は都道府県，指定都市教委による登録が必要	145	97	35	24	9	7	35	35	7
博物館類似施設：4,466館 〈設置主体〉制限なし 〈登録要件〉制限なし	2,863	604	347	339	92	103	61	41	16
5771館 （100%）	3,339 (58)	1,061 (18)	447 (8)	496 (9)	103 (2)	121 (2)	97 (2)	84 (1)	23 (0)

出所：「令和３年度社会教育調査」より作成

これらの科学系博物館は，博物館同士でネットワークを構築し，博物館を支えている。主なネットワークを以下に紹介する。

■全国科学博物館協議会

1971年設立，正会員218館，維持会員19名，購読会員12名の会員からなる組織である（2024年８月現在）。自然史及び理工系の科学博物館（総合博物館を含む），科学館，動物園，水族館，植物園，プラネタリウム等が相互の連絡協調を密にし，博物館事業の振興に寄与することを目的としている。

■全国科学館協議会

1993年設立，科学館が中心のネットワークで，正会員173館，協力会員16名，協賛会員１名からなる組織である（2025年１月現在）。地域における科学技術普及の拠点である科学館等の連携促進を図ることを目的に事業を展開している。

■公益財団法人日本動物園水族館協会

公益社団法人日本動物園水族館協会は，1939年創設，会員141館園（動物園90，水族館51），維持会員86団体から構成される（2023年５月現在）。全国をブロックに分けて，研修会や研究を開催し，生物多様，教育普及等の執行委員会，倫理委員会を設置して課題に対応している。

■公益財団法人日本植物園協会

公益社団法人日本植物園協会は，1947年創設，118の会員園からなる（2023年５月現在）。全国的な植物園ネットワークを通じて，植物園や植物に関する文化の発展と科学技術の振興，自然環境の保全に貢献する事業を行っている。

（２）博物館を支えるヒトとその組織

博物館の活動は資料の収集保管，調査研究，展示教育である。

これらの活動を効果的に展開するための経営が必要であることは第3節で述べた。ここではこれらの活動を支えるヒトについて考えみよう。第一に，博物館の経営にかかわる業務を担当する管理者がいる。これは，館長，副館長，さらには各部門の管理職が相当する。第二に，資料の収集・保管に関わる業務にたずさわる学術的・専門的技能者がいる。多くの博物館では学芸員が担当している。第三に，調査研究にかかわる業務を担当する学術研究者がいる。主に学芸員が担当している。第四に，資料の展示・教育にかかわる業務を担当する教育者・教育研究者がいる。これも多くは学芸員が担当している。第五に，博物館の事務的なバックアップをする事務担当者がいる。そのほかに広報，連携のように博物館と社会とのコミュニケーションを担う人材がいる。

これらの人材がどのように組織されているのかは，各博物館の実情に応じて異なるが，一般的に経営のトップが館長で館長の下に各部門の長がおかれる。典型的な博物館の組織では，図6.5(上)のように館長の下に事務担当の管理部門と資料の収集保管，調査研究，展示教育ならびに広報・連携を担当する学芸部門がおかれている。博物館によっては展示教育と広報・連携業務を管理部門で担当する館もある。図6.5（下）のように近年重要度が増している教育部門を学芸部門から独立させ専従の教育担当職員をおく博物館もある。

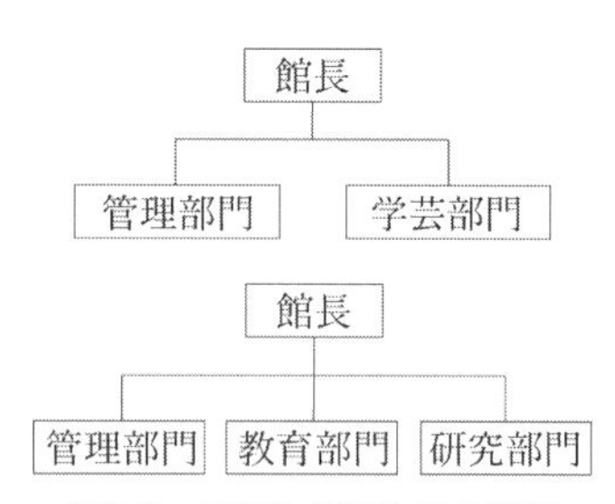

図6.5　典型的な博物館の組織

複数の科学系博物館のウェブサイトから組織図を調べ，図6.4，6.5のような枠組みを参考に整理してみよう。「資料収集・管理」「調査研究」「展示」「教育」「広報」「連携」の担当者はどこの部門におかれているだろうか。

科学系博物館の活動に関連する法律「博物館法」「社会教育法」「文化芸術基本法」など博物館に共通する法令以外に，科学系博物館の活動に関連する法令として「科学技術・イノベーション基本法」「持続可能な開発目標（SDGs）」「生物多様性国家戦略」などがある。博物館の活動がそれらの法令にどのように関連するのか調べてみよう。

5　博物館の役割を再確認するための職業倫理規程

前節で述べたように，博物館経営には多様な視点をもったスタッフや専門家との協働が重要であり，経営者（館長や幹部）はそれらの課題を解決するために，博物館のミッションやビジョンを明確にし，組織としての方向性を示すことが必要である。また，博物館の社会的使命を果たすための財務計画や収益モデルの構築，マーケティング戦略など，一般的なビジネスと同様の課題も存在する。

博物館の経営には，マネジメント理論やマーケティング理論，財務論などの一般的なビジネス理論が応用されるが，博物館は一

博物館経営の課題：経営理論のみでなく，博物館経営に関する研究や実践は常に進化している。博物館経営を学ぶための専門的なプログラムや博物館経営に関する論文や書籍も多数存在している。

般的なビジネスとは異なる点も多く，それに合わせた理論や実践が必要である。たとえば，博物館は教育・研究機関としての役割ももち，その使命を果たすために展示物や教育プログラムの開発や提供が重要である。また，コレクションの管理や保存，展示方法や展示スペースのデザインなど，博物館独自の課題が存在する。これらの課題に対応するために，博物館マネジメント理論や展示学，コレクションマネジメントなど，専門的な理論や実践が求められる。とくに，博物館を経営・運営していく際に指針になるのがICOM職業倫理規程である。

博物館経営の指針：「ICOM職業倫理規程」は本シリーズ『ビジュアル博物館学 Basic』に日本語全文訳が掲載されている。また，「フランス博物館専門職職業倫理憲章」とUNESCO「博物館及びその収集品並びにこれらの多様性及び社会における役割の保護及び促進に関する勧告」が本シリーズ『ビジュアル博物館学 Art』に掲載されているので，これらの規程や勧告に一通り目を通しておこう。

激変する社会と一言でいうにはあまりにも複雑すぎる今日，とくに，博物館界はボーダーレス化，グローバル化が進行している。国際展覧会の開催は博物館資料の物理的移動を伴うことは当然としても，資料の出自・来歴の問題（ひいては文化財返還要求運動へつながる問題）や資料情報に関する著作権問題，ウェブサイトへの掲載化の問題など新しい課題が次から次へと押し寄せてくる。日本では，博物館の運営方法・経営方法も変化しつつあり，非常勤職員の増加やボランティアの導入などが進んでいる。

欧米諸国では，博物館の倫理規程（Code of Ethics）が定められ，博物館活動の公益性を保証するための指針および博物館専門職の行動規範が明確に示されている。いっぽうで，日本博物館協会の調べによると，日本でICOM職業倫理規程を活用している館は数パーセントにとどまっている。今後，日本の博物館が国際交流や国際的な連携を進め，信頼性を高めるためにもICOM職業倫理規程の共通理解は必須であり，学芸員にとっては必読である。

ところで，日本博物館協会も2012年に「博物館の原則　博物館関係者の行動規範」を以下のように定めている。

ICOM職業倫理規程　Code of Ethics（英語版）はウェブサイトで閲覧可能 https：//icom.museum/wp-content/uploads/2018/07/ICOM-code-En-web.pdf

博物館は，公益を目的とする機関として，次の原則に従い活動する。
1．博物館は，学術と文化の継承・発展・創造と教育普及を通じ，人類と社会に貢献する。
2．博物館は，人類共通の財産である資料及び資料にかかわる環境の多面的価値を尊重する。
3．博物館は，設置目的や使命を達成するため，人的，物的，財源的な基盤を確保する。
4．博物館は，使命に基づく方針と目標を定めて活動し，成果を評価し，改善を図る。
5．博物館は，体系的にコレクションを形成し，良好な状態で次世代に引き継ぐ。
6．博物館は，調査研究に裏付けられた活動によって，社会から信頼を得る。
7．博物館は，展示や教育普及を通じ，新たな価値を創造する。
8．博物館は，その活動の充実・発展のため，専門的力量の向上に努める。
9．博物館は，関連機関や地域と連携・協力して，総合的な力を高める。
10．博物館は，関連する法規や規範，倫理を理解し，遵守する。
（日本博物館協会　2012年7月制定）

博物館は，公益を目的とする機関として，次の原則に従って活動しなければならない。まず，学術と文化の継承・発展・創造と教育普及を通じて，人類と社会に貢献することが求められる。博物館は，人類共通の財産である資料および資料にかかわる環境の多面的価値を尊重しなければならない。また，設置目的や使命を達成するため，人的，物的，財源的な基盤を確保し，使命に基づく方針と目標を定めて活動し，成果を評価し，改善を図ることが重要である。「～ならない」という厳しい表現が続いているが，これらは学芸員の職業規範であり，行動を律するための原則であるから，これらの規範から逸脱することは許されない。

博物館のユニバーサル化に対応する学芸員になるために必ず目を通しておかなきゃね！

さらに，博物館は体系的にコレクションを形成し，良好な状態で次世代に引き継ぐことが必要である。調査研究に裏づけられた活動を通じて，社会から信頼を得ることも重要である。展示や教育普及を通じて新たな価値を創造し，その活動の充実・発展のために専門的力量の向上に努めなければならない。

加えて，博物館は関連機関や地域と連携・協力し，総合的な力を高めることが求められる。さらに，関連する法規や規範，倫理を理解し，これを遵守することが不可欠である。

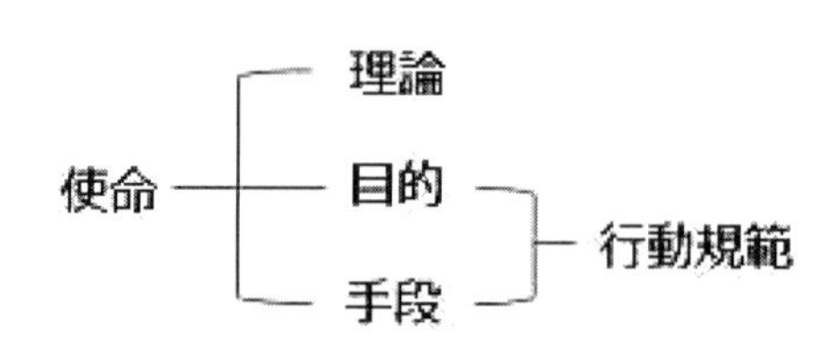

博物館の「使命」と「行動規範」の関係 『博物館学・美術館学・文化遺産学基礎概念事典』東京堂出版，2022年，321頁，水嶋英治作成

博物館とその使命を実現するための博物館職員や学芸員は，これらの原則を守り，日々の活動に反映させなければならない。これらの原則に基づいて活動する

ことで，博物館はその社会的使命を果たし，信頼を得ることができるのである。

《課題》・・・・・

下記の博物館関連用語について，3つの課題にチャレンジしてみよう。

遺産・資産・財産・資源・寄贈・遺贈・寄託・贈与・借用・貸与

❶この用語の意味を辞書や教科書，インターネットなど何も見ないで，自分の知識のみで整理してノートに書き出してみよう。

❷つぎに，個々の用語について自分なりに定義してみよう。はじめに50字くらいで記述して，慣れてきたらさらに詳しく100 ～ 150字で書いてみよう。

❸個々の用語を国語辞典で調べて，その用語がどのように定義されているか書き写してみよう。最後に，専門用語辞典や博物館学の教科書などで調べながら，専門分野ではどのように説明されているか，よく読んで確認してみよう。

7 調査研究論

1　博物館における調査研究の意義

博物館法第2条には，登録博物館は「歴史，芸術，民俗，産業，自然科学等に関する資料を収集し，保管（育成を含む。以下同じ。）し，展示して教育的配慮の下に一般公衆の利用に供し，その教養，調査研究，レクリエーション等に資するために必要な事業を行い，併せてこれらの資料に関する調査研究をすることを目的とする機関」とされている。資料に関する調査研究を行うのが博物館であり，これは博物館の指定施設，博物館類似施設においても同様である。具体的には，同法第3条にあるように「博物館資料に関する専門的，技術的な調査研究」と「博物館資料の保管及び展示等に関する技術的研究」（第8章を参照）がある。

自然史・科学技術史研究では博物館資料の収集方針に基づき，学術的に重要な資料を収集することが求められる。その場合，適切な資料を収集するためには学芸員の資料に関連する調査研究の知見が必要であり，その知見と経験によって博物館資料となりうる資料が収集できる。博物館資料に関する専門的・技術的な調査研究によって，収集された資料の詳細な分析が進み，その学術的価値を高めることができる。その成果を学芸員が資料情報として資料と紐づけることによって，資料は展示資料となり，一般に公開される。

調査研究する機関として大学がある。大学では，研究者個人による自由な調査研究が行われているが，近年は分類学，形態学のような資料に基づく調査研究は少なくなり，事象の分析，実験，理論的な調査研究が行われている。そして，大学では個人の自由意志による調査研究が行なわれているがゆえに，ある領域の研究課題が終了したり，研究者が退職したりすることで，当該領域の調査研究が終了してしまうことがある。博物館では使命に基づき，資料を対象にした実証的な調査研究が継続的・安定的・網羅的に行われていることが特徴である。

2　自然史系博物館における調査研究―基盤的な調査研究と領域総合的な調査研究

自然史系博物館では，フィールドワークによって資料を採集し，その資料の分類上の位置づけ（同定）が行われ，分類して，保存される。そのプロセスにおいて調査研究が行われる。資料の収集において適切な資料なのかどうか，またその資料がどのような分類群の範疇に入るのかどうかなどの調査研究が行われる。同定の過程においてこれまでにない生物種が明らかになった場合は新種として論文に記載され，その標本はタイプ標本として論文とともに保管される（図7. 1）。この調査研究は現在および過去の自然物に対する分類学であり，自然史系博物館が存在して以来継続的に行われている機能である。これらは博物館の使命に基づく基盤的な調査研究といえる。

いっぽう，多様な生物や過去の生物，自然の状態を把握し，その生き様や生活の方法，地球環境のあり方を探る，生態学，環境学などの調査研究がある。この調査研究は前述の分類学の成果が基本となり，ある地域の生物多様性の把握や古環境を復元することなどがテーマであり，複数の研究者あるいは市民との協働で複数の分類学の成果を総合して行う領域総合的な調査研究であることが多い。

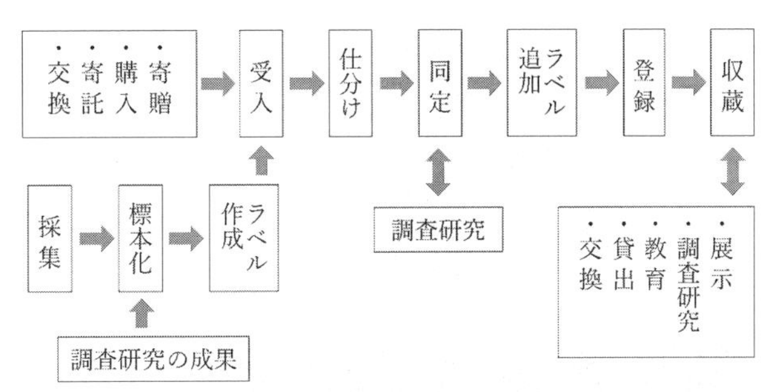

図7.1　自然史資料の登録行程と調査研究

出所：樋口弘道（1989）「博物館資料論」『博物館学教程』東京堂出版，81頁

3　理工系博物館における調査研究

理工系博物館は，科学技術の発達において重要な働きをした資料（人工物，製品）に関する調査研究を行う。歴史学的な観点から人工物の開発が社会，生活に与えた影響，人工物が開発された技術的特性・背景，技術の発達体系・革新などを調査研究する。

技術継承のための調査研究，資料の保存技術の調査研究なども行う。いっぽう，展示と学習支援に重点をおいて運営している科学館では，博物館法第３条にある「展示等に関する技術的研究」が行われ，プラネタリウムの番組の開発，新たな展示・学習支援活動の開発，展示の効果的な配置，来館者プロフィール（図7.2）や観覧行動の分析などに関する調査研究が行われている。

［各区分における上位６項目］

順位	全体		文系		理系		分野その他		男性		女性		性別その他	
1	インターネット	72.3%	インターネット	69.4%	インターネット	77.2%	SNS	68.9%	インターネット	80.1%	インターネット	66.8%	SNS	77.8%
2	SNS	62.1%	テレビ	64.1%	大学・学校	69.3%	インターネット	59.0%	SNS	60.8%	テレビ	65.2%	インターネット	72.2%
3	テレビ	59.0%	SNS	58.8%	SNS	64.1%	テレビ	57.4%	大学・学校	59.2%	SNS	62.5%	テレビ	66.7%
4	大学・学校	50.1%	科学館・博物館	38.0%	テレビ	54.6%	大学・学校	45.9%	テレビ	49.8%	大学・学校	43.9%	大学・学校	44.4%
5	科学館・博物館	39.9%	大学・学校	30.0%	科学館・博物館	43.5%	科学館・博物館	29.5%	科学館・博物館	37.9%	科学館・博物館	41.4%	科学館・博物館	38.9%
6	書籍・専門誌 家族・友人	21.9%	新聞	21.4%	書籍・専門誌	32.6%	家族・友人	21.3%	書籍・専門誌	29.3%	家族・友人	23.6%	家族・友人	27.8%

※全体６位は，「書籍・専門誌」「家族・友人」の２項目。インターネットやSNSを情報源にする学生が多い

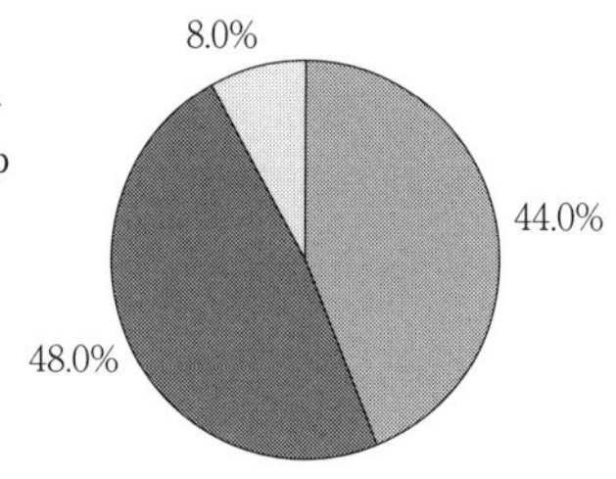

図7.2　「科学技術に関する知識の情報源」に関する調査結果と回答者の専攻分野

出所：令和３年度「国立科学博物館　大学パートナーシップ」利用来館者調査〈アンケート調査結果〉国立科学博物館，2022年，https://www.kahaku.go.jp/learning/university/partnership/download/Qresult2021.pdf

図7.2は国立科学博物館での大学パートナーシップ制度で入館した大学生（令和３年10月13日～令和４年１月３日，776人）のプロフィールを知るために行ったアンケート調査結果である。「理系文系の割合」と「科学技術に関する知識の情報源」について聞いた。この結果から文系学生が大学での授業より博物館で科学技術の情報を得る機会が多いことがわかる。このことから科学系博物館として文系の学生に対し，どのような事業戦略を考えられるであろうか。

4　外部資金による調査研究活動

博物館における調査研究活動は，使命そのものであることから博物館の所与の予算によって行われるべきものである。いっぽう，タイムリーな調査研究，先導的な調査研究など，機動的に柔軟に対応する研究課題については，外部資金を活用して調査研究を行うことがある。

（１）科学研究費補助金

日本学術振興会の科学研究費補助金（以下，科研）とは，個人で行う研究であり，人文学，社会科学から自然科学まですべての分野にわたり，基礎から応用までのあらゆる学術研究を格段に発展させることを目的とする競争的資金である。応募時点において，

日本学術振興会：https://www.jsps.go.jp/j-grantsinaid/

応募者が研究機関に従事していることが必要であり，かつ博物館が研究機関として指定される必要がある。多く博物館は本要件を満たしていないので，学芸員は科研の応募はできないが，ほかの研究者の科研の協力者として参加することはできる。研究機関として指定されている博物館（北海道博物館，神奈川県立生命の星・地球博物館，千葉県立中央博物館，兵庫県人と自然の博物館等）の学芸員（研究員）は個人で科研に応募できる。

研究機関として指定されている機関：https：//www.mext.go.jp/a_menu/shinkou/hojyo/04083102.htm を参照。

（2）そのほかの競争的資金とクラウドファンディング

研究助成には，個人または組織を対象にしたものがある。学芸員個人向けの競争的資金として，公益財団法人日本科学協会の「笹川科学研究助成」，公益財団法人トヨタ財団の研究助成プロジェクト，公益財団法人カメイ教育振興財団主催の学芸員の国内外の研修に対する助成や博物館向けの国際交流に対する助成等がある。文化庁は博物館に対する研究助成を行っている。

このような外部資金を活用して調査研究することは，学芸員個人の研究能力を高めるとともに，博物館の他の職員の資質能力の向上と博物館の新たな事業の開発にもつながる。たとえば国立科学博物館の「サイエンスコミュニケータ養成実践講座」は科研の研究成果をもとに事業化した事例である。また「教員のための博物館の日」は国立科学博物館が外部資金を獲得し，全国的な組織で調査研究を進めた成果の一部を事業として全国展開している。さらに国立科学博物館「３万年前の航海徹底再現プロジェクト」はクラウドファンディングによって調査研究を進めた事例である。

クラウドファンディングを活用して実施した博物館の調査研究活動を調べてみよう。

5　外部の研究者・市民との連携

（1）ほかの博物館・大学との連携

学芸員がカバーできる研究領域は必ずしも広くない。地域の自然環境に関する総合的な調査研究では，動物，植物，地質，地理等の専門家が協力して研究を進める。必然的に大学の研究者やほかの博物館の学芸員と共同で調査研究を進めることになる。さらに地域の自然環境に育まれた文化を調査研究することも博物館の重要な業務である。その場合，自然科学系の研究者のみならず，民俗，歴史，考古などの研究者が共同で調査研究を進める。

（2）市民参加型の調査研究

博物館法第2条には博物館は一般公衆の調査研究にも寄与することが記載されている。これは一般の人の素朴な疑問や身近な課題を解決するために博物館の物的資源（資料，展示物，研究室など），知的資源（学芸員のもつ専門的知識，研究成果など）を利用することを想定したものである。アマチュアの市民も自らの関心に基づきさまざまな科学研究に参画して楽しむ活動，これらの活動は「市民科学」といわれ，市民の科学研究を博物館の学芸員がコーディネートして支援する調査研究活動と位置づけられる。

市民科学（シチズンサイエンス）：詳しくは第9章2節（2）を参照。

地域の住民が学芸員の調査研究を助け，あるいは「市民科学」として住民自ら調査した結果を博物館の研究報告に掲載したり，研究成果を展示にしたりしている博物館がある。千葉県立中央博物館では，富栄養化が進展し，アオコが繁茂する池を再び多様な生物が生育する環境に戻す取り組みがある。地域の湖沼の水環境保全のために，行政，博物館の学芸員，地域の住民などがネットワークのなかで，知恵を出しあい，課題を解決していく地域における調査研究といえる（林，2021）。鳥取県立博物館の「カメラ付き携帯電話を使った参加型昆虫調査」は市民参画型の調査研究である。これは自然担当の学芸員がフキバッタの後脚の下面は赤色が普通だが，鳥取県内に無色（体色のまま）の集団がいることに注目し，それらを市民が携帯で写真を撮り，メールで送信してもらうという取り組みである。この市民参加型調査では，学術的にも「赤色」と「無色」の分布境界が判明するなど大きな成果があったと報告されている（川上，2015）。

林紀男「地域社会で市民をつなぐ博物館の取り組み」小川義和・五月女賢司編著『発信する博物館』ジダイ社，2021年，182-197頁。

川上靖「カメラ付き携帯電話を使った参加型昆虫調査」『サイエンスコミュニケーション』4（1），2015年，10-11頁。

■市民科学とオープンサイエンスの促進

市民は自らの関心に基づき科学研究に参画して楽しむ「市民科学」の活動主体であるとともに，科学研究を支えている納税者として研究に対して意見を主張する権利がある。科学者は科学研究の成果やプロセスを社会に対し公開してく義務がある。こうした市民と科学者からの取り組みは科学研究のオープン化を促す。

6　調査研究の公表・発表

（1）学会での発表

調査研究の成果は，学会の紀要などに投稿し，論文として発表する。前述したように，博物館法第3条の「博物館資料に関する専門的，技術的な調査研究」の成果は，日本動物分類学会，日本哺乳類学会，日本爬虫両生類学会，日本植物分類学会等の分類群ごとの学会にて発表する。いっぽう，「博物館資料の保管及び展示等に関する技術的研究」の成果は，文化財保存修復学会，日本展示学会，日本ミュージアム・マネージメント学会，全日本博物館学会などの学会で発表する。これらの学会は科学系博物館の学芸員のみならず，歴史，考古，美術などの博物館の学芸員らで構成される研究団体である。

（2）展示で発表

博物館では調査研究の成果を展示という手段で広く社会に発表することができる。これは博物館ならではの方法であり，同じような研究機関である大学や研究所ではできない効果的な発表の方法である。学会での発表，論文発表と異なり，発表する対象が一般の人々であることから，専門家向けの発表内容をよりわかりやすく，納得感が得られるような表現方法，展示方法の工夫が必要である。また展示をするとともに展示の解説を行うことも重要な方法である。

科学系博物館の展示をつぶさに見学してみよう。その展示は調査研究の結果を展示しているのか，それとも調査研究のプロセスを展示しているのか，または，なぜその調査研究を行っているのかという調査研究の目的や動機を展示しているのか。

7　調査研究と社会とのコミュニケーション

（1）調査研究成果の市民への還元

調査研究成果の展示発表を通じて，一般の人が普段展示や教育活動ではみられない学芸員の調査研究のプロセスを知ることができ，博物館の機能について理解を深めることになる。このことは一般の人々の博物館の存在意義への理解と共感を促すうえでも重要な取り組みである。

この取り組みは博物館が公的資金で運営されていることから透明性と説明責任の観点から重要なことであり，市民への研究成果の還元と位置づけられる。

（2）サイエンスコミュニケーション

科学系博物館の研究成果の市民への還元の方法として，サイエンスコミュニケーションが考えられる。博物館は資料の収集・保管，資料の調査研究に加え，資料を公開するという機能をもっている。博物館の展示と教育活動は図7. 3の①の科学理解増進の活動として人々に専門的知識を伝え教えるということが中心である。

科学系博物館は学芸員が調査研究した成果を資料とともに展示し，その研究成果を人々が理解する場である。たとえば，自然現象の法則や技術の仕組みを理解する場として科学館はその役割を果たしている。科学館では来館者の自然や科学に対する興味と関心を高め，自然現象の法則などの理解を促すことを目的にした展示，展示解説，サイエンスショーなどのサイエンスコミュニケーション活動を展開している。

このように博物館は科学の専門家が「科学的知識が欠如している非専門家」に対して科学的知識を注ぎ込むといった科学理解増進（「欠如モデル」）を行い，一定の効果を上げてきた。近年，科学と社会との関係が変化するなか，専門家と一般の人々との間の対話を通じて理解を深めるという「対話モデル」(図7. 3の②)が確立されてきた。これに伴い，科学系博物館には，専門家と一般の人々が対話する場としての役割が期

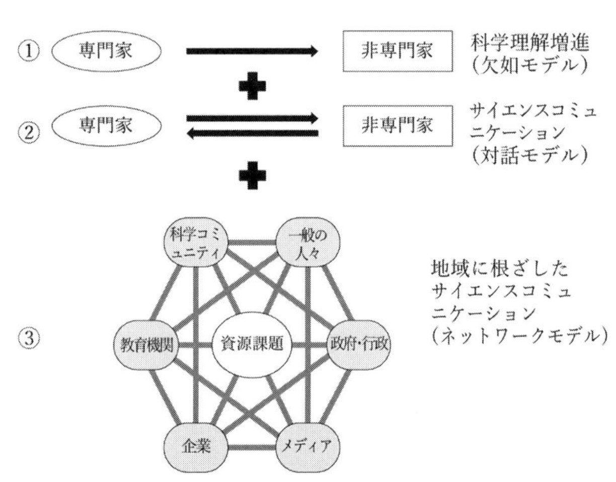

図7. 3　これからのサイエンスコミュニケーション

出所：小川義和「終章　知の循環型社会に向けて」国立科学博物館編『科学を伝え，社会とつなぐサイエンスコミュニケーションのはじめかた』丸善出版，2017年，165-169頁

待されるようになった。とくに科学館の参加体験型展示は，博物館職員と来館者，来館者同士のコミュニケーションを誘発する意味で大きな役割を果たしている。

（3）知のプラットフォームとしての博物館

初期のサイエンスコミュニケーションの導入にあたっては，科学に興味・関心をもたせるために「科学をわかりやすく伝える」という側面が強調され，「課題を解決する」「合意形成する」というサイエンスコミュニケーションの社会的機能が十分に発揮できていなかった。

複雑な社会的課題や地域おける課題を考えると，専門家と一般の人々のコミュニケーションという対話モデルだけでなく，地域固有の知識をもった多様な社会的集団や専門家が知を共有し，循環し，社会に変革をもたらすような，人々のネットワークによるサイエンスコミュニケーションが重要である。そこでは科学系博物館は多様な専門家同士による対話を通じて課題解決が可能になるようなプラットフォームとして役割を果たすことが期待される。これは地域におけるサイエンスコミュニケーションの一形態であり，博物館が地域資源に価値を見いだし，その価値を体系的な知識として次世代に継承するという役割も果たす「ネットワークモデル」（図7.3の③）が求められている。

特論 2
「博物館学を学ぶために」おススメ本10選

博物館に関する情報を得るためには，今ではインターネットやSNSを利用すれば即座に入手するができる。しかし，これまでに先学たちが蓄積してきた貴重な情報の多くは，本（書籍や研究誌）という形で残されてきた。学芸員として専門的知識を修得するためには，それらの情報にアクセスする必要がある。ここで紹介する10冊のおススメ本のなかには，さらに新しい情報が得られる関連書や原典となる本をたくさん見つけることができる。学びを深める手がかりとなる端緒として，ぜひともこれらの本を読んでみよう。

❶『博物館のひみつ―保管・展示方法から学芸員の仕事まで』

（斎藤靖二監修，PHP 研究所，2016年）

この本は，自然史博物館を例に，資料収集，骨格・はく製・液浸標本の作成と保管・展示方法，そして学芸員をはじめとする博物館スタッフの仕事内容を紹介する。第１章では，博物館の内部や展示物，展示方法し解説の工夫，そして世界の自然史博物館を紹介している。第２章では，自然の研究，研究の進め方，新種の生物発見，標本作り，研究資料の保管方法，一般への情報発信など博物館の研究活動を解説している。第３章では，学芸員の仕事内容，学芸員になるための道筋，博物館を支えるスタッフやボランティアの役割を説明する。

本書は，博物館の多岐にわたる活動を包括的に理解するための基礎を提供しているため，博物館学的観点からみれば，博物館は単なる展示場所にとどまらず，研究と教育の場としての役割ももつことが明示されている貴重な本である。学芸員の仕事や資料の保管方法について具体的な事例を通じて学ぶことで，学生は博物館の運営の複雑さと重要性を認識できること間違いない。また，ボランティアの役割や市民参画の重要性も強調されている。博物館学を学ぶ学生にとって，実践的な知識と理論的な知見をバランスよく学ぶよい教材となるだろう。

❷『博物館のバックヤードを探検しよう！―博物館のすごい裏側大図鑑』

（DK 社編／小林玲子訳，河出書房新社，2021年）

本書は副題にあるように，博物館の裏側が見える大図鑑である。恐竜の骨，ミイラ，大昔に水没した都市の遺物，絶滅した動植物……発掘から保存，修復，展示まで驚きの裏側が紹介されている。スミソニアン博物館をはじめとする世界の有名博物館に焦点を当て，発掘から修復，展示までの過程と，それにたずさわる人々の仕事を紹介している。特殊な技術や職人技，最先端の復元技術についてもふれ，多くの博物館の収蔵物とその背景も紹介されている。博物館にかかわる専門家の役割と仕事を知ることで，読者に博物館の多様な活動を理解させる。本書は，博物館学を学ぶ学生にとって，実際の博物館運営の裏側を学ぶ貴重な文献といえる。とくに発掘から修復，展示までの過程を具体的に説明している点で，理論だけでなく実践的な知識も提供している。ミイラの修復や海底遺跡の発掘など，高度な技術が必要とされる作業についても詳述しており，学術的な研究と博物館運営の接点を理解するうえで重要である。また博物館にかかわる多様なプロフェッショナルの役割を紹介していることから，博物館のもつ教育的・文化的価値を再認識させる一冊となっている。

❸『大英自然史博物館珍鳥標本盗難事件―なぜ美しい羽は狙われたのか』

（カーク・ウォレス・ジョンソン／矢野真千子訳，化学同人，2019年）

この本は，2009年にロスチャイルド家の博物館から約300羽の鳥の標本が盗まれた事件を追う犯罪実話である。本書では，美しい鳥たちが毛針制作愛好家の手に渡った経緯や，著者が事件を調査する過程が描かれる。羽毛をめぐる科学史と文化史，毛針愛好家の倫理問題，絶滅危惧種の保護問題，そして標本を収集・保存する博物館の存在意義について深く掘り下げている。スミソニアン博物館など世界の有名博物館の内部を紹介し，犯罪ドキュメンタリーとしての魅力に満ちた内容である。本書は，博物館学を学ぶ学生にとって，博物館の存在意義とその多様な役割を再認識させる重要な文献である。とくに，第19章の「自然史標本はなぜ重要か」は博物館で働こうとする人たちにとっては必読であろうし，標本の盗難事件を通じて，博物館が文化遺産を守る責任と役割をもっていることを知ることができる。博物館は単なる展示の場ではなく，研究と教育の場でもあり，絶滅危惧種の保護や倫理問題にもかかわる重要な機関である。本書を通じて，博物館の運営とその背後にある理念を深く理解し，現代の博物館が直面する課題とその解決策についての洞察を得ることができるだろう。

❹『愉悦の蒐集―ヴンダーカンマーの謎』　　（小宮正安，集英社，2007年）

本書の“ヴンダーカンマー”とは「不思議の部屋」「驚愕の部屋」のことである。16～18世紀のヨーロッパで広く造られた博物館の元祖を再発見し，その時代の知識と愉悦を取り戻す試みである。ヴンダーカンマーには，美術品や貴重品のみならず，一角獣の角や人相の浮かび上がった石などの珍奇で怪しげな珍品が陳列されていた。本書は，これらの「不思議の部屋」の怪しい世界をカラー図版多数とともに紹介し，今日の細分化された学問の対極にあるルネサンス的な知識のあり方を探求している。現代の専門化・細分化された学問とは対

照的である。本書は，博物館の多様な役割を理解するうえで貴重であり，博物館の起源と科学系博物館の歴史を学ぶには最適の書である。とくに，博物館は知識の宝庫であり，探求の場であることを再認識させる内容となっている。ヴンダーカンマーの歴史とその背後にある理念を学ぶことで，現代の博物館運営や展示方法に新たな視点を提供するともいえる。この本を読めば，博物館のもつ学問的および文化的意義をより深く理解することができるだろう。

❺『自然の占有—ミュージアム，蒐集，そして初期近代イタリアの科学文化史』

（ポーラ・フィンドレン／伊藤博昭・石井朗訳，ありな書房，2005年）

本書は，ミュージアムが私的な空間から公的な空間へと変遷する過程を解説する。第1部では，蒐集の空間が住居のなかで公的かつ私的な男性の空間であったことを述べ，この時代に出現した中間段階のミュージアムについて説明する。第2部では，17世紀のイタリアで，採集と実験を通して「自然」を検証する新しい知的伝統の発展を探っている。第3部では，博物学者や蒐集家が社会的地位を確立するための努力とその社会的関係を分析する。本文だけで630頁ほどあるため，読み切るには相当な時間がかかるが，たまには腰を落ち着かせてじっくり読むこともよいのではないだろうか。博物館の歴史とその機能を理解するための貴重な文献である。博物学者が自らの学問分野を制度的に認知させ，社会的地位を確立するための努力は，現在の博物館の役割を再認識させる一助となるであろう。あわせて『博物館・美術館の世界史』〈第Ⅰ巻：古代〜18世紀，誕生と進化の時代；第Ⅱ巻：18〜19世紀ヨーロッパの時代〉（クシシトフ・ポミアン／水嶋英治監訳，東京堂出版，2023-2024年）も本格的な博物館の歴史書であるため，博物館史に興味のある人にはお勧めしておきたい。

❻『知の編集工学』 **（松岡正剛，朝日新聞出版，増補版2023年）**

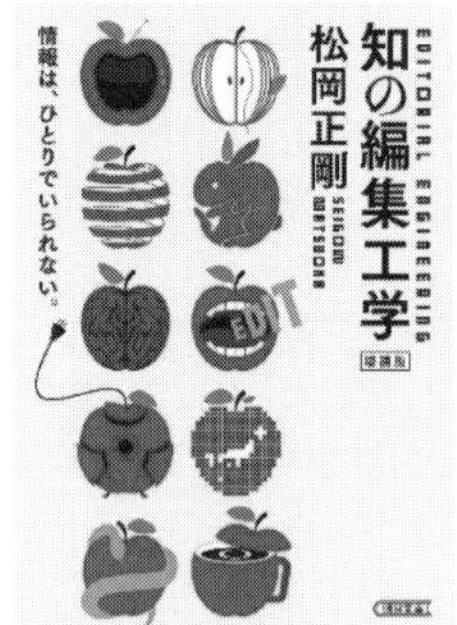

本書は，1996年に出版されて以来，30年近く経ってもなお内容が古びることなく，情報社会における「編集」の技法を説くバイブルである。著者は「編集」を「情報のIN/OUTの間にひそむ営み」と定義しており，これは博物館の活動や展示制作にも当てはまるものである。本書は「編集の入口」と「編集の出口」の二部に分かれており，情報のインプットとアウトプット作業を詳述している。各章や節では「情報はつながっている」「記憶と再生のソフトウェア」「歴史の中のエディターシップ」など，情報を扱う人々にとって参考になる考え方が多く紹介されている。博物館学的視点からみても，本書は学芸員が行う知的編集作業の重要性を再認識させるものである。博物館の展示や活動は情報の収集・整理・発信の連続であり，『知の編集工学』が示す方法論は，学芸員がより効果的に情報を活用し，来館者に価値ある体験を提供するための指針となるだろう。現代のデジタル時代においても，本書の内容はますます重

要性を増しているといえる。

❼『文化メディアシオン―作品と公衆を仲介するもの』

（ブリュノ・ナッシム・アブドラ＆フランソワ・メレス／波多野宏之訳，白水社，2023年）

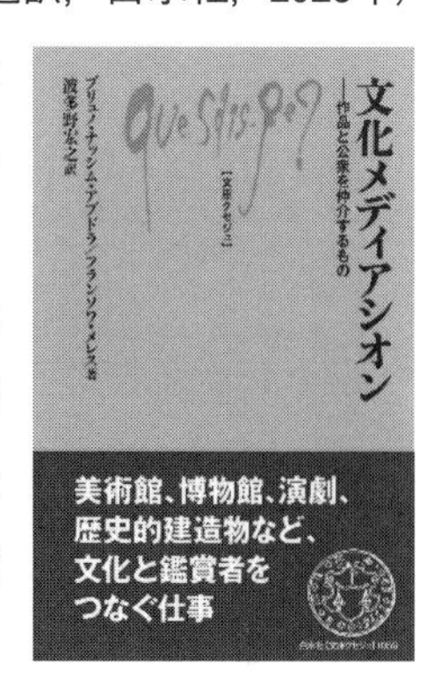

この本は2016年に初版が出版され，翻訳は2023年に出版された。波多野氏は『フランスの美術館・博物館』という訳本を同じ文庫クセジュから出している（2003年）。原書には副題がないが，日本の読者にわかりやすいように「作品と公衆を仲介するもの」という副題が付されている。「文化メディアシオン」は美術，音楽，演劇など広範な分野を対象としており，美術館においては「美術館教育」や「教育普及」として知られている活動に相当する。この言葉は中世において人と神聖な存在を仲介する際に使用され，1990年代半ばから文化の文脈でも使われはじめた。具体的な活動としては，美術館や博物館の展示パネル，オーディオガイド，ワークショップなどがあげられる。本書では，メディアシオン（媒介作用）の概念，歴史，組織，具体的な仕事内容や事例が紹介されている。「文化メディアシオン」の概念は学芸員が行う教育普及活動の重要性を再認識させるものである。展示パネルやオーディオガイドなどを通じて，来館者に文化体験を提供する役割を果たす学芸員にとって，本書の示す方法論や事例は実務に役立つ指針となる。とくにデジタル技術の発展に伴い，文化メディアシオンの方法論は現代の博物館活動においてさらに重要性を増しているといえる。

❽『文化財の未来図―ものつくり文化をつなぐ』

（村上隆，岩波書店，2023年）

本書では，国宝や重要文化財だけでなく，私たちの生活に密接する身近な文化財の重要性について論じられている。著者は，文化財は水や空気と同様に重要であり，地震や風水害などの災害で失われると，その存在の大きさに気づくと述べている。日本は多重で多様な文化を育んできた国であり，その証人として多くの文化財が存在している。これらの文化財は，「心のインフラ」として日本人の健全な心を支える役割を果たしているが，消失すれば元に戻らないため―デジタル・アーカイブ化の促進も重要であるとはいうものの―，実物の存在も不可欠であると指摘している。博物館学的観点からみると，本書は文化財の保全と活用のバランスの重要性を再認識させるものである。学芸員は文化財を守り，次世代に伝える使命を担っており，本書の示す方法論や事例はその実務において有用である。とくに，災害から文化財を守るための具体的な保存方法に関する記述は，現代の博物館活動において極めて重要であるといえる。

❾『世界目録をつくろうとした男―奇才ポール・オトレと情報化時代の誕生』

（アレックス・ライト／鈴木和博訳，みすず書房，2024年）

図書館情報学の領域ではポール・オトレはしばしば登場するが，博物館界ではそれほど有名ではないかもしれない。しかし，図書目録だけではなく，世界目録をつくろうと挑戦したオトレを一読することも無駄ではあるまい。本書は，ベルギーの起業家・平和活動家であるオトレの生涯を描いている。20世紀初頭，オトレは人類の知識を収集し分類して誰もが利用できるようにするという壮大な夢をもち，「世界書誌」の編纂や「国際十進分類法」の考案，「世界宮殿」の具現化などを行った。オトレは，知識ネットワークによって世界を１つにするビジョンをもち，国際図書館，大学，博物館，会議場などを備えた「世界都市（ムンダネウム）」も計画した。オトレは，インターネット時代の予見者であり，その理想主義的な人生と業績を紹介する本書は，その影響を受けた同時代の知のイノベーターたちとの交流も描いている。オトレの業績は博物館の役割を再評価する契機となる。博物館は情報の収集・保存・公開を行う場であり，オトレの試みは現代の博物館活動にも通じるものである。とくに，知識ネットワークの構築や分類法の開発は，学芸員が効率的に情報を管理し来館者に提供するための重要な手法であるといえる。オトレの理念は，現在のデジタル・アーカイブや情報共有の取り組みにもつながり，博物館学の発展にも寄与するものだろう。

❿『The Future of Natural History Museums（自然史博物館の未来）』

（Eric Dorfman編，Routledge，2018年）

自然史博物館は，その内部の発展と時代の流れに応じて変化しつつある。歴史的には，自然からの収集の目的は，人間の好奇心を満たし，分類学の情報の基礎を築くために百科事典的なコレクションを開発することであった。今日では，地球の生物多様性が急速に減少しているため，新たな理由でコレクションを構築し，維持する必要がある。いっぽうで，観客は多様化し，増加し，技術にも精通している。博物館という研究機関は，新しい技術を取り入れつつ，その物語の真正性と資料の価値を保持する方法を学ばなければならない。本書はICOMの「博物館最先端研究シリーズ」の一冊である。今後数十年にわたって研究機関である博物館が直面するさまざまな問題をバランスよく扱うための一貫した議論を展開している。本書は，トピックをさまざまな重要な要素に分解し，コメントと総括を通じて自然史博物館部門の軌跡の一貫した図を探るものである。現役学芸員にとっても有益な書であろう。英語文献ではあるが，じっくり挑戦してはいかがだろうか。

《課題》・・・・・

下記の博物館関連用語について，3つの課題にチャレンジしてみよう。

文化財・文化遺産・自然遺産・デジタル文化財・デジタル遺産

1 この用語の意味を辞書や教科書，インターネットなど何も見ないで，自分の知識のみで整理してノートに書き出してみよう。

2 つぎに，個々の用語について自分なりに定義してみよう。はじめに50字くらいで記述して，慣れてきたらさらに詳しく100 ~ 150字で書いてみよう。

3 個々の用語を国語辞典で調べて，その用語がどのように定義されているか書き写してみよう。最後に，専門用語辞典や博物館学の教科書などで調べながら，専門分野ではどのように説明されているか，よく読んで確認してみよう。

8 資料保存論

1　標本学

（1）標本の概要

自然科学系の博物館にとって，「標本」はすべての基本になるといっても過言ではない。標本は自然界に存在するありとあらゆるものが対象になる。植物，動物はもとより，岩石鉱物，化石，砂粒，氷に至るまで，枚挙にいとまがない。自然科学系の博物館では，標本を収集・保管し，研究し，ときに教育普及活動や展示に利用する，ということが日々行われている。

『広辞苑』によれば，標本は「個体またはその一部に適当な処理を施して保存したもの」とされる。標本はただ採集してくればよいというわけではなく，長期間の保管に耐えるための適切な処理が必要である。また，長期の保管には，温湿度を管理した収蔵庫（標本庫）が必要なのはいうまでもない。

標本には，それに付随する情報が必要である。最低限の情報としては，「いつ」「どこで」採集したかの２点があげられる。ただし，この２つの情報が揃っていないからといって，標本が完全に価値を失ってしまうわけではない。寄贈された標本や購入した標本には採集年月日がわからなくなってしまっているものが少なからずあるが，分類学的研究などには，その標本がもつ形態の情報や採集場所の地理的情報だけでも十分に研究に資することがあるからである。また，各標本には固有の番号が付与され，収蔵庫の略号とともに記すことで唯一無二の番号となる（たとえば，茨城県自然博物館の植物標本の場合，INM-2-123456のように番号を付与している。INM は Ibaraki Nature Museum の略号，「-2-」は植物収蔵庫に保管されていることを示す）。標本にはこれ

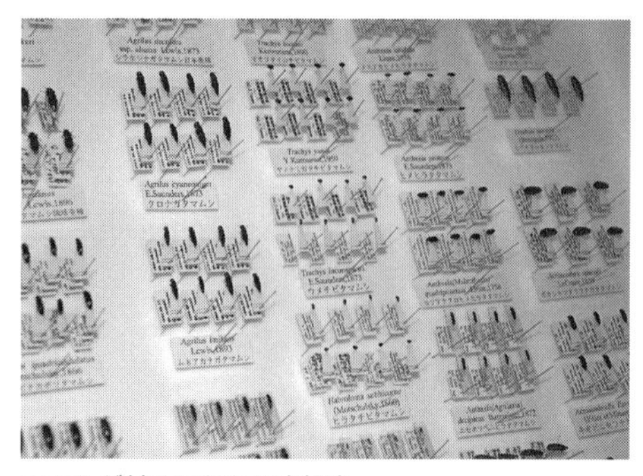
ラベルが付けられた昆虫標本

らの付随する情報を記したラベルが必ずセットになって保管される。

普通標本▶岩石

（2）標本の種類

標本は，加工方法によって以下のように分類される。

① 普通標本

そのままの状態で処理を行わず，整形のみをした標本。岩石・鉱物，化石などに用いられる。

② 乾燥標本

実物を乾燥させた標本。乾燥方法には，自然乾燥（昆虫，貝類，コケ植物，種子など），熱乾燥（キノコなど），凍結乾燥などがある。基本的に立体構造が維持されるが，とくに凍結乾燥標本は色や立体構造を残しやすく，展示に利用されることがある。昆虫標本は翅（はね）や肢，触角を成型する「展翅（てんし）」の作業が，貝類標本は軟体部分の「肉抜き」の作業が乾燥前に必要になるなど，分類群によって標本化の処理方法はさまざまである。

乾燥標本▶コケ植物

乾燥標本▶昆虫

さく葉標本▶維管束植物（左）と海藻（右）

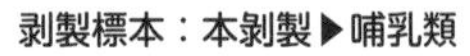
剥製標本：本剥製▶哺乳類

剥製標本：本剥製▶魚類

剥製標本：仮剥製▶鳥類

③ さく葉標本

乾燥させる際，圧力を加えて平面に押した標本。押し葉標本ともいう。維管束植物や海藻などに用いられる。同じ規格の台紙に紙のテープなどを使って貼りつける。

④ 剥製標本

動物の内蔵や筋肉を除去し，皮膚や毛皮に防腐・防虫の薬剤処理をして外形を復元し，乾燥仕上げをした標本。哺乳類，鳥類，魚類などに用いられる。本剥製(ほんはくせい)と仮剥製(かりはくせい)に分けることができ，本剥製は内部に発泡スチロール等の詰め物をして生きているときの形態に近い状態に整形するもので，展示や観賞用に用いられることが多い。仮剥製は綿などの必要最低限の詰め物をして，なるべく省スペースに収蔵できるような形（多くは棒状）に成型したもので，学術研究用に用いられる。

骨格標本▶鳥類

⑤ 骨格標本

動物の皮，内蔵や筋肉などをすべて取り去り，骨格のみにして，乾燥した標本。肉の除去には，鍋などでの煮沸や，土に埋めての腐敗などの方法がある。魚類，哺乳類，鳥類，爬虫(はちゅう)類などに用いられる。

⑥ 液浸標本

ガラスなどの瓶に保存液とともに資料を入れた標本。無脊椎動物，魚類，植物の果実などに用いられる。動物の固定および保存用の液には，一般に70～80%のエタノール液か５～10%のホルマリン液を用いる。生物の組織や細胞を綺麗に残すにはエタノールよりホルマリンのほうが適しているが，ホルマリンは人体への毒性の強さ

液浸標本▶魚類

樹脂封入標本▶維管束植物

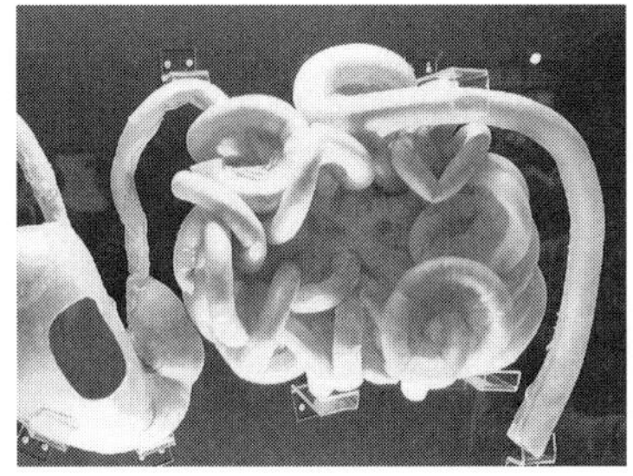
樹脂含侵標本▶ツキノワグマの消化管

地層剥ぎ取り標本

や，長期的保存の際に標本に与えるダメージが大きいことなどから，一度ホルマリンで固定したあと，エタノールに移し替えることが推奨されている。

⑦ 樹脂封入（埋没）標本

透明な樹脂に資料を埋め込んだ標本。主に植物や昆虫の展示用に用いられる。

⑧ 樹脂含浸標本（プラスティネーション）

資料に樹脂を浸透させた標本。多くは整形のために凍結乾燥処理を施してから樹脂を浸透させる。動物の内臓など。

⑨ 地層（土壌）剥ぎ取り標本

地層や土壌の断面に接着剤のついた布を当て，表面を剥ぎ取った標本。

⑩ プレパラート標本

顕微鏡観察のため，対象資料の一部または全体をスライドガラスに乗せ，プレパラートにした標本。長期保存のため，封入にはバルサムなどの樹脂封入剤を使用する（これを永久プレパラートと呼ぶ）。微生物や岩石・鉱物の薄片標本など。

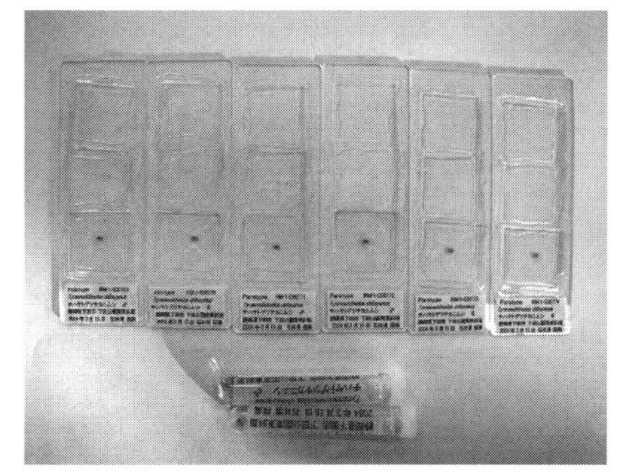
プレパラート標本

（3）標本の保存

標本は，劣化を防ぐために一定の温湿度で管理された収蔵庫（標本庫）に保管される。生物標本の場合，温度は約20℃，湿度は50％±10％程度に保つのが一般的である。とくに哺乳類の毛皮や甲殻類の標本などは乾燥に弱いため，ある程度の湿度に保つことが重要になる。

収蔵庫の扉

収蔵棚

収蔵棚に収められた標本

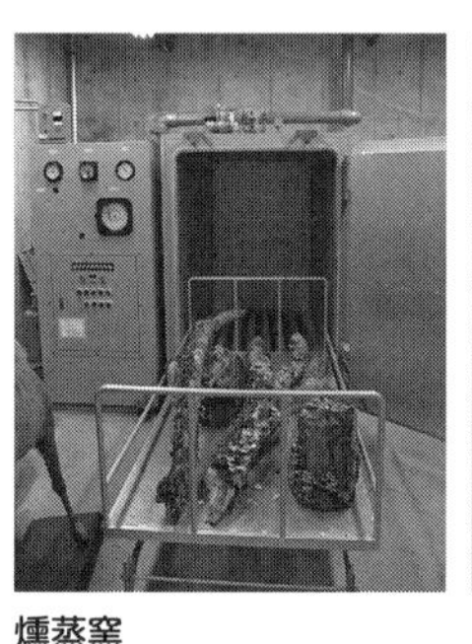
燻蒸窯

タバコシバンムシに食害された植物標本

標本にとって最も恐るべきものは，「文化財害虫」と呼ばれる標本を食害する昆虫とカビである。文化財害虫には，タバコシバンムシやジンサンシバンムシ，ヒメマルカツオブシムシなどがあげられる。植物や動物の標本は，これらの格好の餌食となる。これらを収蔵庫に侵入させないために，収蔵庫の入り口を２重扉にしたり，入り口に粘着性のマットを敷いたりするなど，各館で対策がなされている。また，外部から持ち込まれた新しい標本はこれらが付着している可能性があることから，収蔵庫に入れる前に殺虫・殺カビの薬剤を充てんした釜に入れる燻蒸(くんじょう)の処理を施すことが普通である。ガスを使わず，大型冷凍庫に入れ，冷凍により殺虫することもある。さらに万全を期すために，多くの博物館では年に１回程度，収蔵庫全体の燻蒸を行っている。収蔵庫全体に人体にも有害な薬剤を充てんさせるため，１週間程度，博物館全体も休館になる。しかし，近年では燻蒸に用いる薬剤により標本のDNAが破壊されてしまうなどの理由から，薬剤の見直しや，薬剤を用いずにモニタリングと環境管理のみで対策するIPM（総合的有害生物管理）へ移行する動きもみられている。

2　自然史資料の保存と展示

（1）自然史資料の保存と展示

自然史資料とは，「自然界の構成員である鉱物・岩石，植物・動物など」（千地，1998）をさし，その中心となるものが，過去のある時・場所の自然界の一部をサンプリングした自然史標本である。たとえば，植物標本や昆虫標本，骨格標本（写真参照），剥製標本，液浸標本，飼育標本，鉱物，化石，分布情報，写真など，その材質や状態，大きさはさまざまである。

恐竜の骨格標本（スミソニアン博物館）

自然史資料を所蔵する博物館（自然史博物館，総合博物館など）は，１つの館が所蔵する資料数が多い点に特徴があるといえる。たとえば，2019（令和元）年度の日本博物館協会による総合調査の結果では，自然史系博物館の平均所蔵資料数は３万5366点という膨大な数であることがわかった。これは，自然史資料の種類の多さによるだけでない。たとえば，昆虫標本を例にあげるとすれば，同じ種であっても性別や生育段階が異なる資料を複数所蔵する必要性があることも，所蔵点数の増加の一因であるといえる。また，近年，所蔵資料数が増加している理由として，個人や学校，公民館などによる保有資料の寄贈の増加も指摘されている。

膨大な数の資料を保存し展示するためには，保存理念に基づく管理の徹底が必要不可欠である。絵画や掛け軸，着物などといった人文資料に比べると，自然史資料は，液浸標本などといった一部の敏感な資料を除いて，それほど神経質になる必要のない材質のものが多い。とはいえ，とくに博物館での展示環境においては，さまざまな劣化要因に曝されている。そのため，常に資料そのものだけでなく保存環境と展示環境に注意を払い，適切な作業を行わなければならない。

自然史資料はとても多様なので，適した保存と展示を工夫しているんだね。

まず，資料の基本情報（来歴，材質，採集日時など）の精査や状態調査，保存・展示環境を把握するための調査は，資料を保存し展示していくうえで土台となる作業であり，定期的に実施する必要がある。このとき，資料の状態や保存・展示環境の記録をとり蓄積していくことで，リスクの発見やその程度の評価に役立てることができる。また，収蔵している資料の目録の作成や更新も，状態調査の際に科学機器を用いた分析調査と合わせて実施することでより充実したものにすることができる。

また現在は，劣化要因を資料の材質や種類，設備に応じて優先度をつけて可能なかぎり取り除いていく，保存環境づくり（preventive conservation）も重視されている。資料を無理なく保存・展示していくためには，劣化を可能なかぎり最小限にすべきであり，そのためには劣化要因に対して，回避，遮断，監視，対処，見直しという5段階の作業を実施し，それらを繰り返す必要がある。この順序を無視せずにきちんと実施していくこと，それは日頃から目を配ること（日常管理）であり，これこそ資料を無理なく継続して保存・展示していくために必要な作業であるといえる。では，どのように管理を行うべきなのかについて，詳しくみていこう。

（2）自然史資料に適した保存環境とその管理

自然史資料に限らず，博物館などで保存・展示される資料の劣化要因は温度，湿度，光，空気汚染，生物，振動・衝撃，自然災害，盗難・破壊などさまざまあるが，自然史資料の保存・展示において注意すべき要因として，温湿度と光，生物について，各劣化要因を人為的に制御・除去する理由と調整方法を説明していく。資料の種類や材質，設備に応じて優先度をつけてこれらの要因への回避，遮断，監視，対処，見直しを実施し，環境を整えていく。とくに，展示の際に，温湿度の変動や鑑賞者の接近・接触，予想もしない劣化や損傷が生じる可能性が高く，対策を講じなければ資料の寿命は短くなる。

① 温湿度

■調整する理由と適切な温湿度

まず，なぜ温湿度を管理しなければならないかというと，温湿度が適切でない場合には，材質の伸び縮みや歪み，それらに伴う剥離や亀裂が生じたり，カビや害虫が発生したり，変色が生じるからである。日本は年間を通して温湿度の変化があり，とくに梅雨から夏季にかけては非常に高湿になるため何らかの除湿対策が必要であることは，体感として理解できる人が多いだろう。つまり，対策を講じなければ適切な温湿度を実現することがむずかしい環境なのである。そこで，資料を保存・展示するために，人為

温度：物質の化学反応速度は，温度が高いほど大きい。資料の化学的劣化を抑えるためには，化学反応の進行を遅らせる必要があり，低温が望ましい。しかし，現実的に考えると，資料は収蔵庫と展示室を行き来する。たとえ収蔵庫を低温にできたとしても，展示空間は鑑賞者にとっても快適な環境でなければならず，低温に維持することはむずかしい。低温と常温とを資料が行き来するといった温度変化はかえって資料の負担となる。そこで，温湿度が異なる場所へ移動させる際には，「慣らし」期間を設けるなど，急激な変化にさらさない工夫も必要である。

湿度：乾燥空気1 m^3のなかに含まれている水蒸気の質量（g）を表す絶対湿度（absolute humidity：g/m^3）と，ある温度における飽和水蒸気量に対する絶対湿度を百分率で表す相対湿度（relative humidity：%）がある。相対湿度を用いると，空気の湿り具合や乾燥具合を実感として表すことができる。温湿度管理においては，相対湿度を用いる。

的に温湿度を調整し，材質に応じた適切な温度・湿度を維持し，かつ変化をできるだけ小さくする必要がある。

自然史資料の保存に適した環境は，温度20℃，相対湿度50～65％（化石については，温度20℃，相対湿度45～55％）とされている。

■調整方法と日常管理

温湿度は，空調機を用いて調整するのが一般的である。しかし，空調機の設定通りに収蔵庫や展示空間の温湿度が均一になるとは限らず，また光熱費や設備の老朽化などといった問題をかかえる博物館も多い。

空調設備：古い収蔵庫で換気扇を備えたものもあるが，換気扇は雨天時には逆に室内の湿度を上昇させてしまうなど，空調設備が常に期待どおりの役割を果たすとは限らない。

温湿度管理において注意すべきは，温度変化に伴う湿度変化であり，直接的な被害につながる場合が多いため，温湿度のバランスをとることが重要である。また，日常管理のなかで最も重要なのは，保存・展示環境の温湿度を常に管理・記録し，急激な温湿度変化に気づくことである。温湿度データロガー（写真参照）を用いて継続的にモニタリングすることをお勧めする。

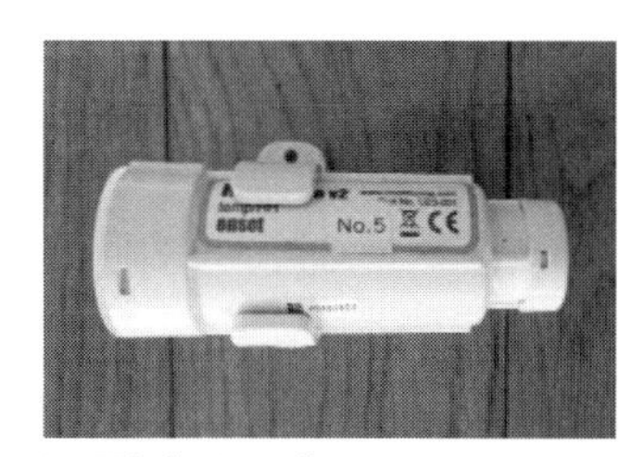

温湿計データロガー

② 光

■調整する理由と適切な環境

さきほども述べたとおり，人文資料に比べると，自然史資料は，動植物などを除いて，無機物がほとんどであるため，光に敏感なものは少ないといえるだろう。来館者に児童や学生が多いため，展示室の照度も比較的高めな場合も多い。しかし，材質によっては，光によって変質が生じる資料もあるため注意が必要である。

制限照度と年間累積照度：2004年に国際照明委員会（CIE）が，展示物の光による損傷のレポートを作成。そのなかで，材質による光への応答度に応じた制限を示している。

植物標本や動物標本などは，50ルクス（lx），年間累積照度は15万 lx・h/y 以下とされ，骨格標本や角，象牙，皮革資料などは，200lx，年間累積照度は60万 lx・h/y 以下とされている。鉱物や金属などに制限はない。

■調整方法と日常管理

資料の材質に応じた照度での展示が理想的である。ただし，照明の角度や色温度を調整するなどといった展示効果や資料の特徴を十分に伝えるための工夫も必要である。鉱物のなかには紫外線に反応して蛍光するものもあり（たとえばラピスラズリやフローライト（蛍石）など），注意が必要である。

③ 生物被害

■調整する理由と適切な環境

植物標本や動物標本などは有機物で構成されており，昆虫類が資料を加害し，損傷を生じさせたり，カビが生えたりする。一度害虫によって損傷被害を受けた資料は二度と元の姿には戻らないため，生物をできるかぎり資料に近づけないほうがよい。また，カビによって資料が分解された場合も元どおりにすることはできず，表面に着色が生じる場合もある。

カビの生育には，酸素，水分，栄養源が必要である。標本などが栄養源になるため，汚染物質の除去と湿度コントロールによって予防する。相対湿度が65％以上になるとカビが発生するリスクが高まるため，それ以下となるよう空調などで調整が必要である。

■調整方法と日常管理

資料に生物を近づけないための方法として，古くから曝涼（虫干し）や樟脳などといった生薬を用いた忌避剤の利用が行われていた。1960年代からはガス燻蒸による虫とカビの殺虫・殺菌が実施されてきたが，使用していた臭化メチルが使用不可となった2004年以降は二酸化炭素や窒素を使用した殺虫や高温，低温処置が一般的となっている。

また，予防保存の観点から，生物的環境においても「問題が発生してからの対応」ではなく，「問題の発生を予測し，予防する」方向へと変わり，保存環境づくりの一環としてIPM（Integrated Pest Management：総合的有害生物管理）も広く実践されるようになっている。IPMの一般的な流れは，回避，遮断，発見，対処，復帰の５つの害虫管理システムに代表される。早期発見により被害の拡大を防ぐには，人による定期的な点検が最も有効である。捕虫トラップを用いた侵入経路と生息状況の調査（写真参照）を実施し，その結果をもとに解決策を検討するとよい。これらの作業を繰り返し行うことで，昆虫類侵入や生息数の減少効果が期待できる。

捕虫トラップを用いた害虫生息状況調査

カビへの対策としては，ホコリなどの汚染物質の除去も含めた定期的な清掃と除湿が効果的である。湿気は下にこもりやすいことを意識し，あまり棚の下段に資料を置かないようにするとよい。もしカビが発生した場合には，他資料から隔離し，被害状況を記録，観察する。資料が十分に乾燥していれば，70％に希釈したエタノールで殺菌処理もできるが，資料によっては完全に除去が難しい場合も多いため専門家に相談し燻蒸などを実施するとよい。カビが発生した空間にはカビの胞子が多く存在するため，他資料も十分に目視観察し，除湿する必要がある。また，空気が滞留している場合も多いことから，カビの胞子を拡散させないよう HEPA フィルタ付きの空気清浄機を用いて緩やかに空気を動かすことが望ましい。

3　自然史資料の収蔵環境

自然史資料の収蔵環境と収蔵庫には，保存対象物の種類や保存期間，保存目的に応じて異なる環境や施設が必要である。ここでは，一般的な自然史資料の収蔵環境と収蔵庫について述べる。

まず，自然史資料の収蔵環境には，温度，湿度，光，風，酸素，微生物などの要因が重要である。これらの要因に対して，適切な管理が必要とされる。たとえば，温度や湿度が高すぎると，資料が腐敗や劣化を引き起こすことがある。また，光によって資料が退色したり形態が変化することもある。風や酸素が資料に与える影響も考慮する必要がある。さらに，微生物は資料の腐敗や劣化を引き起こす可能性があるため，清潔な環境を維持しなければならない。

収蔵庫は，自然史資料を保管するための大型の施設である。収蔵庫は，温度や湿度，光，風，酸素，微生物などの要因に対して，適切な管理がされた空間であることが求められる。また，盗難や火災などのリスクに対する対策も欠かせない。

収蔵庫には，以下のような施設や設備が必要である。まず，温度や湿度を調整するための空調設備。これは必須である。また，湿度を調整するために，加湿器や除湿器を使用することも一般的である。仮の収蔵庫（たとえば学校の空き教室のような場所）を収蔵施設として使用する場合は光を遮断するためのブラインドやカーテンなども重要な役割を果たす。そのほかにも，収蔵庫内の資料を保管するための棚やキャビネットが必要である。これらの家具は，資料の重量や形状に合わせて設計されるべきであり，資料を支えることができる強度が求められる。また，資料を整理するためのラベルやタグなどの管理用具も整えておく必要がある。展示室はもちろんのこと，収蔵庫内の照明には熱を発生させないLED照明が使用されることが一般的である。これにより，光による資料への影響を最小限に抑えることができる。

バイオリン博物館（イタリア） ©Goppion

収蔵庫には，盗難や火災などのリスクに対する対策も求められる。たとえば，監視カメラやセキュリティシステム，消火器などが設置されることが多い。さらに，重要な資料については，二重鍵のシステムやパスワードなどのアクセス制限も必要であろう。

展示室同様，収蔵庫の維持管理が欠かせない。定期的な清掃や点検，資料の移動や整理などを行うことで，資料の保存状態を維持することが可能となる。自然史資料を長期的に保存するためには，適切な環境や施設が求められるため，これらの点には十分注意が必要である。

温室度に敏感な楽器（バイオリン）は気密性の高い展示ケースに展示されている。展示室の照明は少し暗いが，温湿度管理されることによって展示と保存のバランスが保たれている。展示ケース内の温湿度環境を微気候（びきこう）（micro-climate）という。博物館の収蔵庫スペース不足を解消することができなければ，展示室にある「展示ケース」そのものの性能を高め，展示ケースを「微気候制御空間」（すなわち収蔵空間）として使用していく発想の転換が必要であろう。

情報メディア論

1　情報提供の方法

博物館では，さまざまな種類の情報が作成・提供されている。たとえば，所蔵資料の目録や開催中の展示情報，職員の人事に関する情報などがあげられる。また，収集した資料それ自体も情報の1つと考えることができる。こうした多様な博物館情報のうち，博物館の活動においてとくに重要なのは，やはり資料に関する情報（資料情報）であるといえよう。

博物館情報の種類については，水嶋英治（2017）「第1章　博物館情報学の三大原則」水嶋英治・田窪直規編著『ミュージアムの情報資源と目録・カタログ』樹村房．13-47頁や田窪直規（1999）「I　博物館情報概説」加藤有次ほか編『博物館情報論』雄山閣を参照されたい。

自然史系・理工系博物館の場合，標本資料に対する調査研究の結果として得られたデータや資料それ自体も資料情報にあたる。これまで，資料情報を利用者に提供するための基本的な方法は展示活動であった。他方で，博物館法が2022年に改正されたことにより，第3条で資料をデジタル化してインターネットなどを介して公開することが，新たに博物館活動の1つとして位置づけられるようになっている（下線は筆者）。

博物館法改正（2022年）：「文化審議会第4期博物館部会（第2回）議事次第」などを参考されたい。https://www.mext.go.jp/kaigisiryo/content/000181688.pdf

（博物館の事業）
第三条　博物館は，前条第一項に規定する目的を達成するため，おおむね次に掲げる事業を行う。
一　実物，標本，模写，模型，文献，図表，写真，フィルム，レコード等の博物館資料を豊富に収集し，保管し，及び展示すること。
二　分館を設置し，又は博物館資料を当該博物館外で展示すること。
三　<u>博物館資料に係る電磁的記録を作成し，公開すること。</u>

本章では，デジタル化された資料情報に焦点を当てて，その公開に関するいくつかの論点を概説していく。まず，公開のための基本的な方法であるデジタルアーカイブを取り上げ，次にデジタル化された資料情報の保存（デジタルキュレーション）について説明する。次節では，自然史系・理工系博物館とかかわりの深いオープンサイエンスと呼ばれる動向を概観し，オープンサイエンスと自然史系・理工系博物館の接点となる具体的な事例をいくつか紹介する。

（1）デジタルアーカイブ

① デジタルアーカイブとは

デジタルアーカイブにはさまざまな定義の仕方が存在するが，博物館とのかかわりにおいてその意味を狭く捉えると，デジタル化された資料情報を収集・保存・提供する仕組みの総体を意味する用語である。

デジタルアーカイブの定義の種類やその変遷の様子については，柳与志夫監修，加藤諭・宮本隆史編（2022）『デジタル時代のアーカイブ系譜学』みすず書房を参照されたい。

デジタルアーカイブで扱われる資料情報は，右図のように分けられる。コンテンツとは，基本的には資料をデジタル化したものを意味する。たとえば，標本資料の画像データや３Ｄモデルなどがコンテンツにあたる。ただし，資料本体もコンテンツに含めるという考え方もある。

コンテンツ
メタデータ
サムネイル／プレビュー

デジタルアーカイブ上の情報の種類

出所：デジタルアーカイブの連携に関する関係者等連絡会・実務者協議会「デジタルアーカイブの構築・共有・活用ガイドライン」(2017)

メタデータとは，コンテンツに関するデータのことをさす。資料目録や標本資料に付されるキャプションなどはメタデータの典型例である。コンテンツとメタデータはセットで公開されることも多いが，対応する資料がデジタル化されていない場合などは，メタデータのみがデジタルアーカイブ上で流通することになる。また，メタデータに関するデータを作成した場合には，そのデータもメタデータの一種であるといえる。

最後に，サムネイルおよびプレビューとは，縮小されたり部分的に表示されたりするコンテンツのことである。

② オープン化

デジタルアーカイブを通して資料情報を提供する際には，その情報をどこまで「オープン」にするかを考えることが重要である。たとえば，資料情報の閲覧しかできないデジタルアーカイブと，ダウンロードして自由に利用することもできるデジタルアーカイブとでは，その利用のされ方は大きく異なると考えられる。

一般に，ある資料情報がオープンであるとは，以下の４つの要件を満たしている場合のことをさす（右図参照）。

❶オープンなライセンスの付与あるいはパブリックドメイン	❷アクセス
❸機械可能性	❹オープンなフォーマット

オープンの要件

出所：「オープンの定義2.1版」（https://opendefinition.org/od/2.1/ja/）をもとに筆者作成

❶について，資料情報には著作権が成立している場合もある。

このとき，著作権を制限することで自由な利用を可能とするオープンなライセンスを付与するか，もしくはそもそも著作権の保護下にない状態（パブリックドメイン）であることがオープンの要件の1つとなる。❷は，ある資料情報についてその全体が利用可能な状態であることや，インターネットを通じて無償でダウンロード可能な状態にあることなどを意味する。❸は，ある資料情報がコンピュータによって容易に処理することができる形式で提供されていることなどをさす。❹は，ある資料情報が，自由に利用できるソフトウェアによって処理することができるフォーマットで提供されていることを意味する。

資料情報がオープンな状態で提供されていれば，ただ見て楽しむだけではなく，たとえば映像作品などの創作物に取り入れたり，プログラムによってさまざまなデジタルアーカイブの資料情報を集約・処理することで研究を行ったりするなど，より多様な形で利用することができるようになる。このことは資料情報の価値を高めることにもつながるため，コストなどの制約をふまえつつ，何をどこまでオープンにするかを検討することが，デジタルアーカイブを運用する際のポイントの1つとなる。

③ 事例

デジタルアーカイブにはさまざまな種類のものがあるが，なかでも典型的なのは，自館の資料情報を提供するデジタルアーカイブである。たとえばロンドン自然史博物館では，同館の所有する標本資料のうち約560万件分のコンテンツやメタデータをオープン化している（図9.1）。

サイエンスミュージアムネット：
https://science-net.kahaku.go.jp/

また，複数の博物館の資料情報が集約・提供されているデジタルアーカイブも存在する。たとえば国立科学博物館が運営するサイエンスミュージアムネットでは，日本全国の博物館の自然史標本に関するメタデータなどが集約され，オープン化されている。

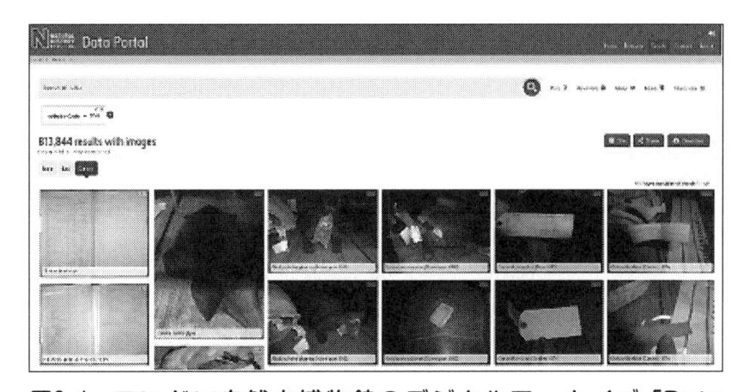

図9.1　ロンドン自然史博物館のデジタルアーカイブ「Data Portal」（https://data.nhm.ac.uk/search）

さらに，博物館にとどまらず，美術館や

図書館，文書館などがそれぞれ運営しているデジタルアーカイブの情報を集約して横断的に検索・利用することができるような非常に大規模なデジタルアーカイブも存在する。たとえばジャパンサーチでは，自然史系・理工系博物館を含め日本全国のさまざまな機関のデジタルアーカイブの情報が集約されており，そのなかにはオープン化されているものも多く含まれている（図9.2）。

図9.2　ジャパンサーチ（https://jpsearch.go.jp）

（2）デジタルキュレーション／デジタル保存

資料は，温度や湿度，光，微生物などさまざまな要因により劣化するリスクをかかえている。そのため，保存のための取り組みが重要となる。同様に，デジタル化された資料情報も多くのリスク要因にさらされており，適切に保存しなければアクセスすることができなくなってしまう。デジタル化された情報への継続的なアクセスを保証するための取り組みのことを，デジタルキュレーション（digital curation）またはデジタル保存（digital preservation）と呼ぶ。

デジタル保存：電子情報保存連合によると，「デジタル資料への継続的なアクセスを必要なかぎり保証するために必須となる一連の管理された取組」であり，「メディアの故障や技術的・組織的変化の限界を超えて，デジタル資料へのアクセスを維持するために必要なすべての行為」と定義される（https://www.dpconline.org/handbook）。

デジタル保存の啓蒙普及団体である電子情報保存連合（Digital Preservation Coalition, DPC）がユネスコの支援のもと作成した「デジタル保存に関するエグゼクティブガイド」によると，博物館等におけるデジタル化された資料情報の保存に関するリスクは，表9.1のように整理される。

デジタル保存を行うには，技術的問題に対処するだけでなく，博物館が自組織の制度・環境を整備し，リソースを配分することが求められる。これを実現するためには，組織の意思決定者や関連政策の立案者らと，デジタル保存の重要性についての認識を共有することが重要となる。上記ガイドは現場の実務担当者がデジタル保存について意思決定者とコミュニケーションを取るために作成されたものであり，リスクだけでなく，デジタル保存に取り組むべき動機づけや必要事項，実際に起きたデジタル保存の失敗

表9.1　博物館などにおけるデジタル保存のリスク

リスク	起こり得る結果
保存のプロセスにおいてレンダリングや表示方法のことが十分に考慮されていない	ファイルを本来の想定通りに正しく処理（レンダリング）できない，問題解決のために追加作業（専門家やアーティストとの協議など）が必要となる，評判の失墜，資金の喪失
デジタル資料が適切な保存システムに取り込まれていない	デジタル資料が利用・表示できない，コンテクスト／ドキュメンテーションの喪失，評判の失墜，資金の喪失
適切な技能を持ち投資を受けたデジタル保存担当者の不在	不正確／不十分な保存，保存が行われない，デジタル資料へのアクセス／レンダリング機能の喪失，コンテクスト／ドキュメンテーションの喪失，評判の失墜，資金の喪失
デジタルファイルの作成／取得から維持管理までのワークフローが文書化されていない	不正確／不十分な保存，保存が行われない，デジタル資料へのアクセス／レンダリング機能の喪失，コンテクスト／ドキュメンテーションの喪失，評判の失墜，資金の喪失

出所：「デジタル保存に関するエグゼクティブガイド」https：//www.dpconline.org/digipres/dpeg-message-mag

事例などがまとめられている。

日本においてもデジタル保存の重要性に関する認識は高まりつつあり，2020年に内閣府より公開された「デジタルアーカイブのための長期保存ガイドライン」では，博物館をはじめとするアーカイブ機関がデジタル保存を行う際の基本的な考え方や必須となる事項，推奨される事項などがまとめられている。

「デジタルアーカイブのための長期保存ガイドライン」：https：//www.kantei.go.jp/jp/singi/titeki2/digitalarchive_suisiniinkai/pdf/guideline2020.pdf

2　オープンサイエンス

先述のデジタルアーカイブは，館種を問わず博物館全般に関係する取り組みであり，現在日本においてその整備が政策的に進められている。これとは別に，とくに自然史系・理工系博物館とのかかわりが深い動向として，オープンサイエンス（Open Science）があげられる。デジタルアーカイブと同様にオープンサイエンスにもさまざまな捉え方が存在するが，概していうと，ICT技術の進展をふまえて，研究活動をよりオープンかつ多様な方法で行っていくことをさす。

ユネスコによると，右図のとおりオープンサイエンスは4つの柱からなり，さらに各柱のなかにはさまざまな要素が含まれる。

「オープンな科学的知識」とは，論文などの研究成果物や研究データ，ソフトウェア，教育資源などをオープン化することをさす。「オープンな研究インフラ」とは，研究施設や機器，プラッ

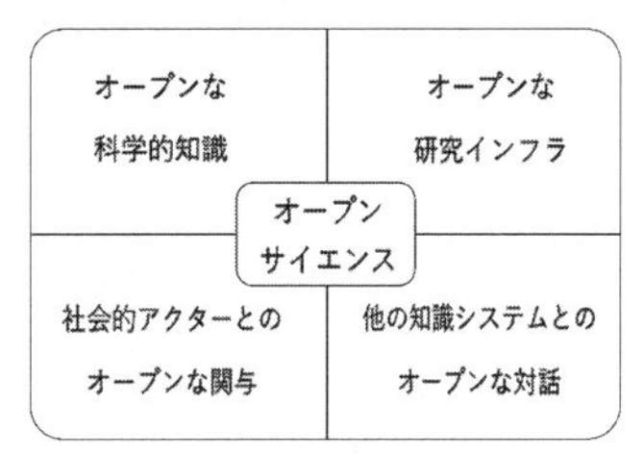

オープンサイエンスの構成要素

出所：UNESCO（2021）UNESCO Recommendation on Open Science, https：//unesdoc.unesco.org/ark:/48223/pf0000379949.locale=en をもとに筆者作成

トフォーム，データベースといった研究活動におけるインフラの共有を進めることを意味する。「社会的アクターとのオープンな関与」とは，研究者と一般市民などの社会的アクターとの協働を推し進めることをさす。「他の知識システムとのオープンな対話」とは，たとえば先住民族が有する伝統的な知識など，科学とは異なる知識システムとの対話に関係する。これらの多様な要素のうち，日本の科学技術政策ではとくに「オープンな科学的知識」に関して，研究データと論文のオープン化を推進している。

科学技術・イノベーション基本計画：内閣府（2021）https://www8.cao.go.jp/cstp/kihonkeikaku/6honbun.pdf

このとき，博物館がもつ情報のなかには，研究データに当たるものが多く含まれていると考えられる。ここでいう研究データとは，研究の過程や結果として作成される種々の情報のことであり，たとえば標本資料やそのメタデータが該当する。また広い意味では，博物館の職員が行った研究活動の成果物（論文，報告書，説明資料など）も研究データの範疇に含まれうる。先に述べたロンドン自然史博物館のデジタルアーカイブでは，同館に所属する学芸員や研究者，学生などが執筆した論文も研究データとして公開されている。

デジタルアーカイブとオープンサイエンスの動向には共通点が多くみられるが，往々にして異なる政策体系のもとで設計・推進されている。日本の場合も，デジタルアーカイブに関しては「知的財産推進計画」，オープンサイエンスは「科学技術・イノベーション基本計画」と，それぞれ異なる政策文書において言及されている。しかし，とくに自然史系・理工系博物館の場合はその扱う資料の性質からみて両者と深く関係すると考えられるため，それぞれの概略を押さえておくことが望ましい。

知的財産推進計画：内閣府（2023）https://www.kantei.go.jp/jp/singi/titeki2/kettei/chizaikeikaku_kouteihyo2023.pdf

以下本節では，オープンサイエンスと自然史系・理工系博物館の接点となる事例を概観する。まず「オープンな科学的知識」と関連してGBIFを取り上げ，次に「他の知識システムとのオープンな対話」との関連で，シチズンサイエンス（市民科学）と呼ばれる動向と博物館のかかわりをみていく。

（1）GBIF

GBIF（地球規模生物多様性情報機構：Global Biodiversity Information Facility）は，世界の生物多様性情報を収集・公開する機構である。1999年のOECDのメガサイエンスフォーラムの勧告をうけ，2001年に発足しており，「地球上のあらゆる種類の生物に関するデータを誰でも，どこにでも，オープンアクセスで提供することを目的」としている。2023年現在でGBIFには100を超える国・地域が関与しており，20億件を超えるデータがオープン化されている（図9.3）。

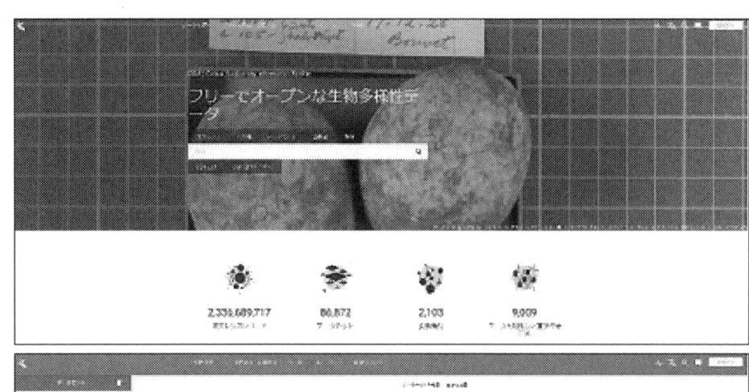

図9.3　GBIFトップページ（上；https://www.gbif.org/ja/）**とデータ検索画面**（下；https://www.gbif.org/ja/dataset/search）

GBIFで提供されるデータには，ある生物種がある時点・ある場所に存在したこと（これをオカレンス：occurrenceと呼ぶ）を示すデータや，デジタル化されていない資料のメタデータのみをまとめたものなど，いくつかの種類がある。これらのデータの多くは，ダーウィンコア（Darwin Core）という，何をどのようにデータとして記載するかを定めたフォーマットに基づいて作成されている。共通のフォーマットに基づいてデータを作成することを標準化と呼び，GBIFでは標準化のおかげで，さまざまな国・機関の作成したデータを同じ処理の仕方で統合的に扱うことができるようになっている。

GBIF：https://www.gbif.org/ja/what-is-gbif

Darwin Core：https://dwc.tdwg.org/

自然史系・理工系博物館のもつ生物標本はオカレンスデータの主要な源泉である。日本からもオカレンスデータがGBIFに提供されているが，その多くは博物館がもつ標本資料に由来する。国立科学博物館が全国の自然史博物館など115団体からデータを収集し，GBIFへと提供している。じつは，前節で述べたサイエンスミュージアムネットは，この収集データを国内向けに公開するためのポータルである。このほかに，国立遺伝学研究所が国立環境研究所と協力して，観察やモニタリングを通して収集したデータをGBIFへと提供している。

GBIFのデータには多様な用途がありうるが，やはり代表的なのは研究者による研究目的での活用であろう。GBIFの公式サイトによる説明では，GBIFのデータを活用することで1日当たり約5件の論文が出版されているという。それらの論文研究分野にも，生態学をはじめとして，気候変動研究，感染症研究，遺伝学など多岐にわたる。

GBIFは，研究データのオープン化ひいては「オープンな科学的知識」の典型的な事例であるといえる。そして，GBIFで提供されるデータの主な担い手となっているのは世界各地の博物館である。もちろん，ある博物館がもつ標本資料はその館が調査研究や展示・教育活動を行ううえでの重要なリソースであるが，一館の枠を超えてGBIFのような外部のプラットフォームにデータ（資料情報）を提供することにより，そのデータを作成した際には思いもよらなかったような価値が生み出されることもある。博物館の資料情報にはこうした潜在的な可能性もあることを認識しておくことは重要であろう。

（2）シチズンサイエンス

シチズンサイエンス（citizen science：市民科学）とは，「職業科学者ではない一般の市民によって行われる科学的活動」のことである。近年では，ICT技術を介して職業研究者や研究機関と協調しながら行われることも多い。たとえば，クラウドソーシングにより多くの参加者が集まることで大規模なデータ収集・処理が可能となり，新規な科学的発見に至った事例も存在する。こうした近年のシチズンサイエンスは，前掲図「オープンサイエンスの構成要素」の「社会的アクターとのオープンな関与」に該当する，オープンサイエンスの一要素でもある。

シチズンサイエンス：日本学術会議若手アカデミー（2020）「提言　シチズンサイエンスを推進する社会システムの構築を目指して」https://www.scj.go.jp/ja/info/kohyo/pdf/kohyo-24-t297-2.pdf

日本でもシチズンサイエンスの推進に向けた議論が交わされており，そのなかで，海外と比べて日本のシチズンサイエンスの展開は途上にあることが指摘されているほか，シチズンサイエンスを推進するための社会連携の基盤を整備することが課題の1つとしてあげられている。他方で海外の事例では，自然史系・理工系博物館を基盤としてシチズンサイエンスが進められている場合も多く存在する。

先にふれたロンドン自然史博物館では，複数のシチズンサイエンスのプロジェクトを並行して実施している（図9.4）。たとえばイギリスにおける海藻の種類や分布を調べるBig Seaweed Searchというプロジェクトの場合，参加希望者はオンラインで公開されているガイドを参照しつつ，実際に海岸を訪れて海藻を探索する。プロジェクトの対象となる海藻を発見した場合は記録用紙に記入するとともに写真を撮影し，博物館に送信する。博物館ではこれらのデータを用いて研究を行い，これまでに保護を要する海藻をまとめたレッドリストを作成するなどの成果を上げている。

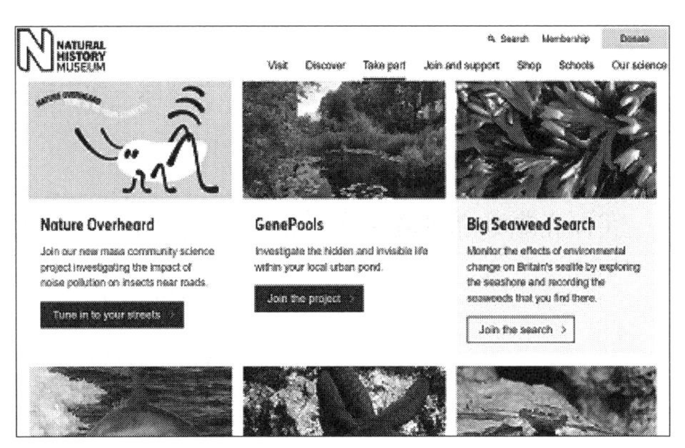

図9.4　ロンドン自然史博物館のシチズンサイエンス関連ページ
（https://www.nhm.ac.uk/take-part/citizen-science.html）

Big Seaweed Search：https://www.nhm.ac.uk/take-part/citizen-science/big-seaweed-search.html

レッドリスト：Natural History Museum（2022）Big Seaweed Search Annual Report June 2021–May 2022, https://www.nhm.ac.uk/content/dam/nhmwww/take-part/Citizenscience/seaweed-survey/big-seaweed-search-annual-report-2021.pdf

魚類写真資料データベース：https://fishpix.kahaku.go.jp/fishimage/

日本でも，博物館を介して実施されている，シチズンサイエンスに該当する取組が見られる。神奈川県立生命の星・地球博物館と国立科学博物館が共同で管理・運営する「魚類写真資料データベース」では，その名のとおり魚類の生態写真や標本写真が収録されている。とくに生態写真については外部からの画像の提供を受けつけており，とくにダイビング愛好家に協力を呼びかけているという。こうして同データベースに登録された画像は，分類学や生態学，生物地理学分野の研究に用いられる。また，同データベースは先述のジャパンサーチとも連携している。

大西亘（2020）「第4章自然史博物館×デジタルアーカイブ：オープンサイエンスを拓く一例としての魚類写真資料データベース」井上透監修・中村覚責任編集『自然史・理工系研究データの活用』勉誠出版，89–111頁。

博物館は学会や研究機関と比べると一般市民との距離が近いことから，シチズンサイエンスを企画・実施する主体もしくは職業研究者と市民を結びつける基盤としてより機能しやすいといえるかもしれない。また，以上でみてきたように，シチズンサイエンスは博物館にとっても資料情報の充実などの利点がある取り組みである。そのためシチズンサイエンスは，狭い意味では資料情報を生み出す経路として，広い意味では利用者との新たな関係を構築する手段として，注目に値する動向である。

10 博物館史

1　世界の科学技術博物館の歴史

科学技術博物館は，主に産業革命期以降に科学研究の成果を反映した工業部門を扱う専門博物館として誕生した。戦後，実物を志向せず，模型や実験装置を使って科学の原理原則を理解するサイエンスセンターが増加した。本章では，前段階としての工芸博物館を含め，略史を述べる。

高橋雄造『博物館の歴史』法政大学出版局，2008年，第4－7章。

科学技術博物館：日本では理工系博物館あるいは科学博物館と呼ぶこともある（博物館の分類については22頁を参照）。

（1）工芸博物館―科学技術博物館の始まり

ここでいう工芸博物館とは，美術工芸品を収集保管する博物館ではなく，職人が製造した初期の工業機械，工業製品，工具などを扱う博物館を意味する。初期の工業は手工業であり「工芸」の枠に内包されていたが，蒸気機関に代表される産業革命，科学と工業が結合した重化学工業の時代を経て，次第に工芸から工業が分離していった。

この前提に立ち，実物を活用し，一般市民（ここでは労働者）を対象にした世界最初の科学技術博物館とされるのが，現在パリ３区にある工芸博物館である。

国王ルイ16世が処刑された翌年の1794年，技術者の養成学校であるエコール・ポリテクニークが設立された。このとき，アンリ・グレゴワールはフランスの繁栄のために手工業の振興が必要と考え，科学者によって発明され，技術者によって改良された機械や道具を収集保存する工芸院の設立を提案した。

1794年10月，国民公会は工芸院の設立を決定した。その背景には次の２点があった。第一に，革命の混乱を好機とみたイギリスが第１回対仏大同盟に加わったため，イギリスからの工業製品の輸入が困難になり，工芸の自立と振興の必要に迫られたことである。第二に，革命によってギルドが廃止されたため，徒弟制度に代わる技術教育が必要になったことである。

1799年，サン＝マルタン・デ・シャン教会の小修道院内に工芸院が開設され，1802年に公式開館した。グレゴワールは，徒弟制度のような教育ではなく，説明を受け実演を見て学ぶことを重視し，機械の仕組みや道具を説明する実演者を配置することを提案した。この提案は受けいれられ，実演に接した人々はそれまで見たこともない発明品の数々に驚いたという。

工芸院のコレクションの原型になったのは，機械技術者のジャック・ヴォカンソンが収集した紡績機械，機械工具・工作機械，機械モデルである。革命前，ヴォカンソンはコレクションを職人の訓練のために公開していたが，ルイ16世の手に渡り，1784年から公開実演を行っていた。そして革命後，国民公会がこのコレクションを工芸院に移した。1807年にパリ科学アカデミーの機械，器具，モデルのコレクションが，1814年にシャルルの物理実験室が工芸院に移された。さらに1851～1878年にかけて開催された博覧会の出品物も工芸院に移され，コレクションが充実していった。

元来，工芸院は博物館として発足したが，1819年に教育機関（学校）が加わった。1950年代後半，教育機関は国立工芸院，博物館は国立技術博物館と分離したが，2000年になってフランス国立工芸院（Conservatoire national des Arts et Métiers, CNAM）に附属した工芸博物館（Musée des Arts et Métiers, MAM）となり現在に至っている。

（2）科学博物館―国民のための科学技術博物館

パリの工芸博物館が設立されて約半世紀の後，科学技術博物館の代表格となったのは，ロンドンのサウス・ケンジントン博物館から分立した科学博物館である。

科学博物館：ここでは固有名詞である。用語としての科学博物館の場合，西欧では科学技術博物館を意味し，北米では自然史と科学技術の両部門を含んだ博物館をさすことが多い。

産業革命をいち早く成功させ，世界の工場と呼ばれて繁栄したイギリスは，1851年，先進工業国であることの自己検証として第１回万国博覧会を開催した。万国博覧会の終了後，工業発展がめざましいフランスとドイツに倣い工科大学の設立を求める声が上がったが，これは実現しなかった。国家が技術者を育成して経済発展に関与することをよしとせず，また伝統的な大学の反対があったためである。しかし，工科大学の代替として，1857年，万国博覧会の一部展示品と王立協会のコレクションをもとにサウス・ケンジントン博物館が開館することになった。

この博物館を一般国民の教育のための施設とするために尽力したのが初代館長ヘンリー・コールである。コールは多くの国民が参観できるように，開館日と時間，展示の配置，照明，換気など入念に検討し，公共博物館として整備した。科学技術博物館の歴史上，コールの果たした役割は大きい。

1909年，同館から美術工芸品に関するビクトリア・アンド・アルバート博物館と工業に関する科学博物館に分化した。この分化は工芸と工業の分離を背景にしている。そして，科学博物館は純粋科学だけではなく，科学と工業に関する資料を収集，展示，公開する施設である。20世紀初頭は重化学工業の時代であり，物理学や化学などに基づいた機械工業，電気工業，化学工業が大きく進歩した。科学博物館より科学工業博物館という館名のほうが適切かもしれない。

（3）ドイツ博物館―科学技術博物館としての完成形

世界の科学技術博物館のなかで，ミュンヘンのドイツ博物館は特筆すべき存在である。同館はオスカー・フォン・ミラーが1903年にミュンヘンに運営財団を組織し，1925年に全館開館した世界最大級の科学技術博物館である。その後世界各国で生まれた同種の博物館の模範となった。同館は実物資料を歴史的系統的に配列するとともに，精巧なジオラマ，カットした機械，体験型の実験装置を組み合わせた革新的な展示手法を大胆に導入するなど，国民のための教育を徹底した点で画期的な科学技術博物館となった。

ドイツ博物館が開館するまでの経緯は以下のとおりである。ミラーは1855年，ミュンヘンに生まれ，土木工学を学んでミュンヘン高等工業学校（現ミュンヘン工科大学）を卒業したあと，バイエルン州建設局に勤務した。1881年にパリで開催された国際電気博覧会を見学したミラーは水力発電の可能性に魅了され，1882年に78kmの直流送電を実施し，1891年には175kmを超える三相交流の送電実験を行った。電気が家庭や工場に大きな影響を与えることを示した。

1903年５月１日，ミラーはドイツ技術者協会の協力を得て，ドイツ博物館の設立を呼びかけた。同館の目的は，歴史的発展を示すこと，工業における科学の貢献を示すことの２点とされた。これにより，「科学と工業技術の結合」をコンセプトとして，実物を時系列に展示する方針が定められた。

1906年11月，旧国立博物館（現バイエルン州立民俗博物館）で暫定的な公開を開始し，その後，1909年，シュヴェレ・ライター兵舎に別館を開設した。第一次世界大戦のあと，イザール川の中洲に建設された現在の建物にコレクションを移し，1925年５月７日，正式開館の運びとなった。

（４）スミソニアン協会の博物館群
—科学技術と政治・社会の相互作用

1838年，イギリス人で王立協会会員，地質学者のジェームス・スミソンが，ワシントンD. C.に知識の増大と普及をめざす組織をつくることを条件に金塊を合衆国政府に寄贈した。議会はその意思を実現するためスミソニアン協会を組織した。1846年の設立当初は研究所であったが，今日では多くの博物館，美術館，動物園，研究所からなる複合機関に発展している。

スミソニアン協会の博物館群のうち，1876年に開催されたフィラデルフィア万国博覧会のアメリカ政府館の展示を移した芸術産業館，1964年に開館した国立アメリカ歴史博物館，1976年に開館した国立航空宇宙博物館が科学技術博物館に該当するであろう。ここでは国立アメリカ歴史博物館と国立航空宇宙博物館について紹介する。

国立アメリカ歴史博物館：2008年の改修により，同館から科学技術に関する展示は縮少している。

国立アメリカ歴史博物館は，1964年の開館当時，歴史技術博物館と呼ばれていたが，1980年に現在の名称に変更した。それまでは，歴史と科学技術が別々に展示され，科学技術の対象物を科学技術そのもののなかで説明しようとする傾向があった。これを改め，アメリカ合衆国の歴史を科学技術の発展と関連づける内容に再編された。

これは画期的なことであった。パリ工芸博物館に始まりドイツ博物館に至るまで，科学技術の発展を善として捉えてきたのに対し，国立アメリカ歴史博物館は，科学技術を政治や社会との相互関係で表現しようと試みた。

他方，国立航空宇宙博物館の主な展示物は，ライト兄弟のライトフライヤー号，リンドバーグのスピリット・オブ・セントルイス，アポロ11号司令船，月の石の標本などである。航空宇宙産業はアメリカ合衆国の看板産業であり，国立航空宇宙博物館は戦争，冷戦，宇宙開発競争の結果として誕生した。アメリカ合衆国の栄光と結びついた博物館である。

（5）サイエンスセンターの勃興

20世紀はこうした科学技術博物館とは別種のサイエンスセンターが発展した時代でもある。模型や実験装置を中心に，科学の原理，原則を理解することを目的にした施設であり，実物を志向せずコレクションをもたない点に最大の特徴がある。

その嚆矢は1937年開館したパリの発見の宮殿である。戦後の1969年にサンフランシスコのエクスプロラトリウムが開館し，世界の博物館に大きな影響を与えた。1986年に開館したパリの科学産業都市もその流れを汲んでいる。科学技術館（1964年開館），日本科学未来館（2001年開館）を含め，日本各地に誕生した科学館もこの形態に属する。

2　日本の科学系博物館の発展史

日本博物館協会の分類によると，「自然史博物館」と「理工系博物館」は自然科学系博物館に含まれている。本節では前者を代表する国立科学博物館と，後者を代表する科学技術館および全国

自然科学系博物館：本書では科学系博物館と分類している（詳しくは22頁を参照）。

に設立された科学館の成立過程を中心に述べる。

国立科学博物館編『国立科学博物館百年史』1977年。

椎名仙卓『日本博物館発達史』雄山閣，1988年。

（1）明治政府の博物館政策

近代国家建設を急ぐ明治政府は博物館の重要性を理解した。しかし，西欧に比してコレクションの文化が希薄で即座に博物館を設立することは叶わず，勧業博覧会の開催を重ね，殖産興業に資するコレクションを形成して，博物館を設立することを企てた。1872（明治５）年，文部省博物局は文部省博覧会を湯島聖堂で開催した。

コレクションを充実させる好機となったのは，1873（明治６）年に開催されたウィーン万国博覧会への正式参加であった。博覧会事務局は文部省博物局を併合し，博物局が収集した資料を入手するとともに，万国博覧会を機会に現地で入手した資料をコレクションに加えた。このコレクションをもとにどのような博物館を創設するのか。

町田久成，田中芳男，佐野常民は，それぞれ大英博物館，ジャルダン・デ・プラント（現フランス国立自然史博物館），サウス・ケンジントン博物館をモデルとした構想を示した。その結果，1882（明治15）年，町田が推した歴史・美術を中心としつつ，自然史部門と工芸部門などを含む総合博物館が上野公園内に開館した。

サウス・ケンジントン博物館：本章１節（２）を参照。

開館までの道のりは平坦ではなかった。1877（明治10）年に始まった西南戦争の巨額な戦費支出によって財政が危機的な状況に陥り，博物館とそのコレクションを皇室の財産とすることで建設費用を捻出することとなった。この博物館は，その後，歴史・美術の博物館への傾斜を強め，宮内省博物館，帝国博物館，東京帝室博物館となり，戦後，東京国立博物館となった。

日本における先人の努力を知ることは学芸員をめざすのに大切なことだね。

（2）東京科学博物館の誕生—自然史博物館としての

この博物館とは別に，教育を目的とする博物館が構想された。それが，1875（明治８）年，博覧会事務局から分離独立し，湯島聖堂に設立された文部省博物館である。

博覧会事務局に資料をわたしたため，文部省博物館は所有する資料がなく，全国から資料を収集することから活動を始めた。東京博物館（第一次）を経て，1877（明治10）年，教育博物館と改称して上野公園に移転した。同館は，教育用具，物理・化学器械，動植物に関する資料を公開するとともに，国内で入手困難な実験器械を輸入して展示し，国内の民間事業者に模造させて全国に配布する事業を行った。学校教育を支援する性格づけは，ダビッド・モルレーの助言を得た田中不二麿によるものである。

やがて各地に同名の教育博物館が多数設立されたため，1881（明治14）年に東京教育博物館（第一次）と改称した。ところが，学校教材の整備が進むと設立時の意義が薄れ，初代文部大臣の森有礼は同館を廃止する決定を下した。その結果，幼児教育用具，器械標本などの一部資料を残し，自然史資料を含むそのほかの資料を帝国博物館に移すことになった。

その後，一時期，湯島の東京高等師範学校の附属施設となって博物館としての独立性が失われた時代があった。しかし，1910（明治43）年の大逆事件を契機として，文部省は国民思想の健全化のため通俗教育（現在の社会教育）を重視する政策を進め，東京高等師範学校に通俗教育館を設けた。ここに通俗教育を目的に自然史と理化学を扱う博物館が再定義され，その後，東京教育博物館（第二次）を経て，1921（大正10）年，東京博物館（第二次，以下省略）となった。同館館長の棚橋源太郎は，見学者自ら操作し実験，観察を試みる画期的な展示方法を導入したことで知られている。

東京博物館（第二次）：名称は頻繁に変更された。椎名仙卓『日本博物館成立史』雄山閣，2005年，226頁には詳しい変遷図が掲載されている。

ところが，1923（大正12）年，関東大震災によって東京帝室博物館が大きな被害を受け，10万点近い自然史資料が東京博物館に移設されることとなった。この移設により事実上の自然史博物館として上野に移転した東京博物館は，1931（昭和６）年２月に東京科学博物館と改称して同年11月に開館した。戦後，この博物館が今日の国立科学博物館となった。紆余曲折の末に自然史博物館が設立されたことに留意したい。

（3）殖産興業と地方行政府による陳列所

明治期，殖産興業を目的とした博覧会は地方でも頻繁に開催され，地方行政府は博覧会場の一部を恒久化し，陳列所と呼ばれる施設を多数設立した。陳列所とは主に地方の物産品の販売促進と輸出拡大を目的に，一定期間，商品，見本などを公開する施設を指す。1911（明治44）年の時点で全国に36の陳列所が存在したという。

陳列所：商品陳列所，商品陳列館，物産陳列所などさまざまな呼称があるが，明確な定義はないため，本章では固有名詞を除き陳列所とする。原爆ドームとして知られている建物は，1915（大正４）年に竣工した広島県物産陳列館である。

陳列所のなかには，愛知県商品陳列館（1911年開館）のように力織機を動態展示し，手工業から工場制工業への転換を促して県下の織物業の発展に貢献した施設もあった。一部の陳列所は，工業の発展を支援する博物館の前段階として捉えることができる。

三宅拓也『近代日本〈陳列所〉研究』思文閣出版，2015年，第３章。

（4）試験研究機関と高等工業学校に附属する博物館

明治後半から大正にかけて軽工業から重化学工業への転換が進んだ。これに対応するため各種の試験研究機関と高等工業学校が多数設立された。そのなかには附属施設として小規模な博物館を開設し，一般市民への普及啓発を行うだけでなく市井の発明家や地域の企業家への技術支援を行う機能を有するものもあった。地域の工業発展の起点は陳列所から試験研究機関と高等工業学校に移っていった。

馬渕浩一『日本工業博物館史の研究』大空社出版，2023年，第３，４章。

その理由は「製品や生産方法を見て理解する」ことのできる手工業や工場制工業の時代から，見るだけでは理解できない「科学的知見を実装した」重化学工業の時代に移行したためである。地域の工業発展を導くのは科学者や工学者らとなった。

たとえば，東京市電気研究所附属電気博物館（1925年開館）では，陳列所と同様に電気製品や器具が一定期間出品公開された。長岡高等工業学校附属科学工業博物館（1926年開館）では，機械器具，実験装置，模型などが展示された。両館とも展示に大きな特徴があったとはいえない。しかし，前者はラジオ放送に関する展覧会を頻繁に開催するとともに，ラジオ受信機のコンクールを開催して，松下幸之助らラジオ受信機製造事業者を支援した。後者は，同館を窓口として，新潟県内，長岡市内の鉄工所に対して互換性大量生産の技術指導を行った。普及活動に大きな特徴があった。

重化学工業の発展に伴って，新しい博物館への模索が地方でも始まっていた。

（5）東京科学博物館工業館の設立

1914（大正３）年に始まった第一次世界大戦は日本に好景気をもたらしたが，ドイツから医薬品，原材料の輸入が途絶し科学分野の自立が求められた。終戦後は，一転して不況に陥り，経済の再生とくに重化学工業の発展が求められた。

1922（大正11）年，国会で理化博物館建設の建議が出され，工業を支える理化学を重視した国立博物館設立の機運が高まった。同じころ，機械工学者らは高度化した工業に対応可能な技術者を養成するために工業教育改革が必要と主張した。いくつかの改革案のなかに一般国民への啓発を目的とした博物館の設立が含まれていた。

機械工学者の加茂正雄は，1924（大正13）年，正式開館直前のドイツ博物館を訪問し，翌年，詳しい情報を日本に伝えた。求める博物館の具体的な先進事例が示されたのである。

この情報は東京博物館にも伝わり，同館で本格的な工業部門の展示が実現する可能性があった。しかし，関東大地震により東京帝室博物館の自然史資料を大量に受け入れたため，工業部門は狭小な工業館（別館）でのみ公開されることとなった。飛行機エンジン，製鉄所模型などを展示した工業館は，1932（昭和７）年３月から仮公開を始めた。

狭小な工業館に落胆した機械工学者らは，1933～1935（昭和８～10）年にかけて，新たな博物館を設立する運動を始めたが功を奏しなかった。さらに，彼らは1940（昭和15）年の紀元二千六百年記念日本万国博覧会の一部施設を恒久化して博物館を設立する計画，あるいは日本万国博覧会の陳列品を活用して東京科学博物館の増築を実現しようと試みたが，戦火の拡大によりいずれも実現しなかった。

馬渕浩一『日本工業博物館史の研究』大空社出版，2023年，第５－７章。

（6）戦後の科学技術振興と博物館

戦後の教育改革によって第二次世界大戦中の科学動員は否定され，科学技術の研究と教育は純粋科学に傾斜した。これに対し，復興と経済発展を主唱する経済界は応用研究と実践的な教育の重要性を指摘した。

応用研究と実践的な教育の重要性：日本経営者団体連盟「新時代の要請に対応する技術教育に関する意見」(1956年）など。

1957（昭和32）年頃になると，理科実験，観察の場を提供するごく小規模な科学館の設立が相次ぎ，全国紙は高度な科学技術者を養成するために科学館の設立を首肯した。1963（昭和38）年から翌年にかけて，室蘭，小樽，旭川，釧路，帯広の北海道５市に青少年科学館が建設された。これらは理科教育の支援を目的とした科学館であった。

1964（昭和39）年，日本科学技術振興財団によって東京都千代田区に科学技術館が開館した。同館は，科学技術振興を目的とし，応用科学を重視した大規模科学館の嚆矢とされる。同じ年に，市立名古屋科学館（現名古屋市科学館）が全館開館した。同館の展示品の資金調達と製作を担ったのは日本科学技術振興財団中部地方本部（現中部科学技術センター）であり，同館の目的が科学技術館と同じ科学技術振興であったことは明らかである。

両館ともドイツ博物館を意識した展示がなされたが，戦後の復興期であり，過去よりも未来を志向する方針が採られた。すなわち，コレクションに基づく歴史的系統的な展示は選択されず，先端科学技術の理解増進が目的となった。

（7）科学技術への懐疑と博物館

1980年代になると，政令指定都市を中心に科学館が数多く設立された。その実態は，コレクションを志向せず，模型や実験装置によって純粋科学の原理原則を理解させることを目的としたサイエンスセンターであった。

サイエンスセンター：本章１節（5）を参照。

科学館急増の背景として以下の２点が指摘される。第一に，生涯学習を推進する文部省の政策と，第二次ベビーブームによる児童生徒の急増に対応するための学校整備を終えた地方自治体教育委員会がもつ豊富な財源が結びついたことである。第二に，1970

年代のオイルショックによる成長神話の崩壊，公害問題の顕在化などを反映して，応用科学から純粋科学重視に転じたことである。

注目すべきは，1980年代後半から，名古屋市科学館，神戸市立青少年科学館，札幌市青少年科学館で，生命や環境の展示室が増築され公開されるようになったことである。

生涯学習の推進：社会教育審議会答申「急激な社会構造の変化に対処する社会教育のあり方について」1971年。

1990～2000年代になると，茨城県，神奈川県，群馬県，福岡県が大規模な自然史博物館を設立した。これらの自然史博物館においても，今日の生命や環境に関する課題と関連づける試みをみることができる。成長重視から持続的発展への転換を示す自然科学系博物館の潮流は今後も続くであろう。

他方，1933（昭和８）年に開館し，国立科学博物館に次ぐ歴史をもった斎藤報恩会自然史博物館が，財政状況悪化を理由に2009（平成21）年に閉館した。地方自治体においても，少子高齢化による税収不足と社会保障費の増大は不可避である。自然科学系博物館が生涯学習の基盤施設として存続するための方策について真剣に議論しなければならない。

《課題》・・・・・

下記の博物館関連用語について，3つの課題にチャレンジしてみよう。

遺跡・史跡・記念物・記念碑・モニュメント

1 この用語の意味を辞書や教科書，インターネットなど何も見ないで，自分の知識のみで整理してノートに書き出してみよう。

2 つぎに，個々の用語について自分なりに定義してみよう。はじめに50字くらいで記述して，慣れてきたらさらに詳しく100 ～ 150字で書いてみよう。

3 個々の用語を国語辞典で調べて，その用語がどのように定義されているか書き写してみよう。最後に，専門用語辞典や博物館学の教科書などで調べながら，専門分野ではどのように説明されているか，よく読んで確認してみよう。

11 建築論

1 建築遺産の展示価値

わが国の文化財保護法によれば，文化財の種類は，有形文化財・無形文化財・民俗文化財・記念物・伝統的建造物群に分けられる。保存と公開すべき歴史的建築物はしばしば「野外博物館」に移築されるが，建物そのものを「資料」としてみたとき，それは資料有形文化財であり，記念物である。文化財保護法では，歴史的価値，学術的価値，芸術的価値，鑑賞的価値の4つの価値基準に従って文化財として指定している。もちろん，これ以外にも価値を定義することは可能である。しかし，建築遺産が野外博物館に収集（移築）された場合（博物館化）をみればわかるように，移築された民家や農家は鑑賞的にすぐれているかといえば，その答えはおそらく否定的であろう。それにもかかわらず，民家は収集・保存され，公開され展示の対象となっていることを考えれば，文化財保護法が規定する価値基準とは違った別の基準があると考えられる。では，歴史的建造物を博物館に用途変更する場合を促す要因というのはどの点においてであろうか。

文化財の体系図：本シリーズ『ビジュアル博物館学 Basic』25頁（出所：文化庁ウェブサイト）を参照されたい。

博物館化：定義は本章4節を参照。

民家や農家の移築：当然のことながら，指定文化財に選定されることもあり，それを否定するものではない。原則的には歴史的価値や学術的価値の評価によるものである。

博物館化の事例　旧丸亀藩御用蔵（香川県指定有形文化財）は江戸時代後期の建物と推定され丸亀藩御用の米蔵であった。文化庁建造物課の指導を受けて改装し，野外博物館である「四国村」の資料館として使用している。

ここでA. リーグルの価値論を引用しなければならない。リーグルは, 作品としての建築の保存を決定するのは自然環境よりも, むしろ多くの事例にみられるように「作品を取り巻く様々な社会状況であった」という。歴史的経緯に加え，判断をくだす人間の主観があるとして，1903年に書かれた著作『記念物崇拝』のなかで, 表11. 1のようにさまざまな価値の系譜を解き明かしている(後述する金田千秋の研究では,「明示的記憶価値」「古びの価値」と訳されているが，ここでは尾関幸の訳語を使用した)。

アロイス・リーグル／尾関幸訳『現代の記念物崇拝―その特質と起源』中央公論美術出版，2007年。

表11.1　リーグルの示した記念物の価値

<table>
<tr><td rowspan="3">①　記憶の価値</td><td colspan="2">意識的記憶の価値</td></tr>
<tr><td rowspan="2">無意識的記憶の価値</td><td>歴史的価値</td></tr>
<tr><td>経年価値</td></tr>
<tr><td rowspan="3">②　現在的価値</td><td colspan="2">使用価値</td></tr>
<tr><td rowspan="2">芸術価値</td><td>新しさの価値</td></tr>
<tr><td>相対的芸術価値</td></tr>
</table>

出所：A. リーグル『現代の記念物崇拝―その特質と起源』88頁

「博物館化」によって価値が上がることより，共存できるってことが大切なのかな！？

リーグルは記念物の価値を，①記憶の価値と②現在的価値に大別する。①はさらに歴史的価値，経年価値と細分化する一方で, ②の現在的価値には使用価値を含むとした。記憶価値があるからこそ保存すべき意思決定されるのであるが，逆に「博物館化」されることによって使用価値が高まることと考えられる。この博物館化というプロセスの前・後によって価値の転換はあるのだろうか。博物館として公開することを考えれば，その答えは記念物(歴史的建築物）の「価値の転換」ではなく,「共存」と考えるほうが自然であろう。

2　建築遺産と博物館

建築遺産を「博物館」として公開するには，リーグルの分類した複数の価値が同時に共存しなければならない。ないしは，価値の共存が可能になって初めて博物館として公開される条件が整うことになる。建築遺産（歴史的価値）を今日的な博物館に転用することは，同一遺産内での現在的価値への転換ないしは共有であり，このことによって来館者が博物館として利用できる使用価値

価値の共存：リーグルは,「使用価値」と「歴史価値」が衝突したときの記念物の扱いについて,「ただ言えるのは, 歴史的価値は経年価値よりも堅固であり使用価値が付きつける要請にいくらか容易に応じることができるであろう」と述べている（A. リーグル前掲書，55頁)。

が生じる，ともいえるのである。さらにこの使用価値は建築遺産内に存在するさまざまな壁画や装飾品の数々を「見せる」行為によって芸術的価値と共存しなければならない。博物館としてひとたび公開された建築遺産の価値は，リーグルの分類に従えば現在的価値であり，芸術価値と使用価値が共存できるのは博物館の展示だけである（これを「展示価値」という語に置き換えることは可能である）。建築遺産の建物自体を見せる建築史提示型の博物館は「公開」を前提にすれば，展示価値をいかに来館者に伝達するかという点が問われなければならない。

とはいえ，リーグルの「記念物崇拝における現在的価値の位置づけ」という小論のなかで展開する「博物館」に関する説明は，ここで述べた「展示価値」という「共存的価値」よりも，経年・歴史という「時間的概念」を意識していることに注意しなければならない。

> 博物館こそが記念物の修復の必然性からもっとも確実に守る手段であったとしても，経年価値は，記念物をそれが本来属していた多かれ少なかれ有機的な環境から切り離し，博物館に閉じ込めることに対して，歴史的価値よりもさらに激しく抵抗するに違いないのである。（A. リーグル前掲書，54頁）

ブルゴーニュ公国のホスピス（慈恵病院） かつて同国の宰相が貧民の病気を無料で治療するためにつくった屋根瓦が特徴的なロマネスク様式の建物（上）。建物内（下）には，昔の医療器具などの展示が行われ，昔の医療を見ることができる。

ここに，博物館に展示された価値資料と保存の対象資料が切っても切れない関係が表明されている。リーグルが指摘する「記念物をそれが本来属していた多かれ少なかれ有機的な環境から切り離し」とは，民家が野外博物館へ移築される現象のことと捉えれば，そこに展示された民家や農家は鑑賞的価値よりも経年価値ないしは歴史的価値という時間的概念が優位に立っていることがわかる。しかし，ここで再考を要するのは，「鑑賞」といういわばそれを観察ないしは視覚の認識対象とする人側の行為と，「展示」するいわば博物館側の主体的行為との認識のずれである。

3　歴史的建築物の価値

元筑波大学教授の金田千秋は，博物館における記念物（歴史的建築物）のあり方を主観的側面と客観的側面に分け，次のように述べている。

> 記念物には，記念碑のように初めから記念物として制作されたものと，当初は別の目的のために作られたが，時間の経過とともに人々の意識が変化し，やがて記憶の媒体という記念物的性格が優位を占めるに至った事例がある。しかしいずれにせよ，或るものが記念物であるのは，それを記念物と看做す人間の意識の働きがあればこそであり，私はそのことを「記念物の主観的側面」と呼ぶ。またそれと対比的に物質的側面の方を「記念物の客観的側面」と呼ぶ。

金田千秋「記憶の哲学再考による文化遺産保存の美学的基盤構築」六一書房，2007年，12頁。

博物館側は，常に利用者主体ではなく展示側・企画側の立場に立つ。しかも博物館は来館者に対して「どのように鑑賞してほしい」という視点に立つことはほとんどない。鑑賞行為はそれを見る人間の意識の問題であり利用者・来館者側に一任されている。すなわち，金田が指摘するように鑑賞は「主観的側面」であり，需要者側である。展示は物質的側面を重視する供給側の「客観的側面」である。

利用者主体の視点：あったとしても，あくまで企画するのは企画側・博物館側（学芸員や専門家）の立場からであって，利用者が企画するのではない。鑑賞行為はあくまで利用者・来館者の行為である

建築遺産の公開つまり「博物館化」にとっては，むしろこれまで文化遺産の選定基準となっていた歴史的価値，学術的価値，芸術的価値，鑑賞的価値の4つの価値基準に加えて，「展示価値」という新しい指標を導入することによって野外博物館や建築遺産公開の理念的問題が解決をはかることができることになる。この「展示価値」を明らかにするのが，学芸員であり，キュレーションという行動原理をもとに野外博物館などで博物館活動を展開することができるのである。

4　博物館化の定義

建造物が本来の目的を失い，博物館に「用途変更」することを「ミューゼウミフィケーション」(museumification) ということがある。建築関係の文献に散見される，この…fication とは「…化」の意味であるが，他方で「ミューゼアリゼーション」(musealization) という用語も存在する。チェコの博物館学者 Z. Z. ストランスキーやオランダのラインワルト・アカデミーの博物館学教授ピータ・ファン・メンシュは，後者の「ミューゼアリゼーション」という語を用いている。博物館化の意味は，建築（不動産）

建築関係の文献：Michaela Giebelhausen 編著（2003）The architecture of the museum, Symbolic structures, urban contexts, Manchester University Press（p. 11）では，museumification という用語が使用されているのに対し，Paul von Naredi-Rainer（2004）の著作 A Design Manual Museum Buildings では，museumization という用語が使用されている（p. 16）。

と可動物件（いわゆる「モノ」資料）の面で次の２つに整理できる。

ミューゼアリゼーション：博物館学ではこちらを採用していることが多い。

① 建物本来の用途から「博物館」に転換（建築用途転換）する場合 ②（現実社会から博物館内へ資料を移動するという意味において）保存価値の高い資料を博物館に移動（保存・展示）する場合

後者には，凍結保存のほかに社会のなかから特定の資料を保存対象として認定し，その価値と物理的状況の悪化を防ぐ目的のために博物館という容器のなかで保存活用する（または公開する）広義な「博物館資料化」（図書館情報学でいう「資料の組織化」と同義である）の意味を含んでいる。ファン・メンシュは②の意味で博物館化の語を用いている。

保存対象として認定：ここでいう「認定」とは，「価値評価」作業と等しい。

複雑な社会現象のなかから博物館という保存空間のなかに資料を移動させる際，そこには何らかの資料選択原理が働いていると見做すのが博物館化の概念であった。ファン・メンシュは，経済的価値で計られる一般的なモノが世の中に存在している状態を原初的文脈と呼び，そのモノが博物館の文脈のなかに受け入れられるためには博物館資料に関する記録がなければならないと主張している。

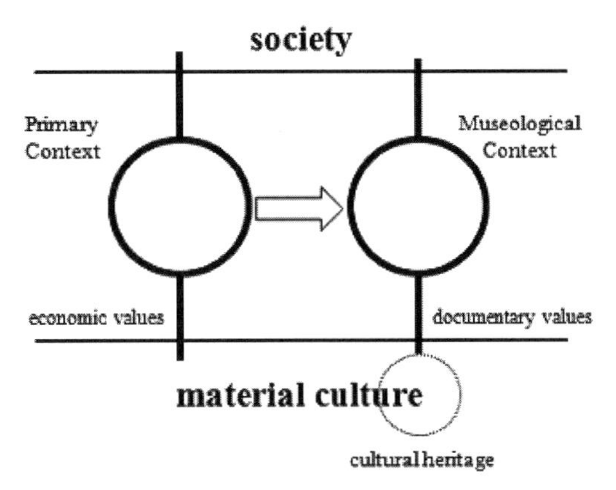

ピータ・ファン・メンシュの博物館化と記録価値
出所：フランソワ・メレス＆アンドレ・デヴァレ編／水嶋英治訳『博物館学・美術館学・文化遺産学基礎概念事典』東京堂出版，2022年，914頁

単なるモノから博物館資料に変化するためには記録価値が問われているのである。物質文化と社会をつなぐもの，経済的価値から記録価値への変化，原初的文脈から博物館の文脈への変化，これらの総体を「博物館化」とファン・メンシュは呼んでいる。

5　博物館学と文化遺産学

従来の博物館学では，取り扱う範囲が可動文化財に限定されている傾向があった。ファン・メンシュの博物館化もその概念的枠組みの中で考察したものである。しかし，「景観」保存を含め，文化財概念が拡大するにつれて，博物館化の概念は建造物にも適用され，収集・保存，公開，アクセスなど多くの面で倫理的アプローチの必要性も論じられている。

Maroevic. I., 1998, Introduction to Museology-The European Approach, p. 134.

マロェビッチは,「博物館学の対象は文化遺産の公開領域に重ねあう部分が多く,博物館活動が文化遺産学の公開領域にだんだんと組み入れられていく傾向がある」と指摘する。その例として,野外博物館,エコミュージアム,博物館として利用されている記念物などをあげている。

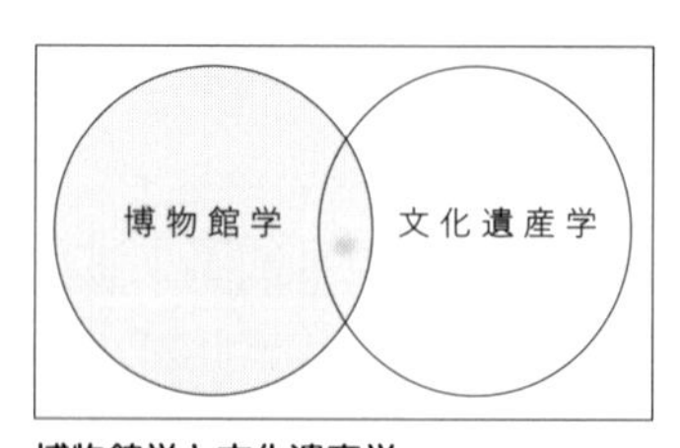

博物館学と文化遺産学
出所:Maroevic. I. op. cit. p. 234

「社会の中から保存すべき価値あるものを博物館に資料として保存・展示する営為はなぜ行われるのか」という問いを発したのがZ. Z. ストランスキーであった。ストランスキーは,ミュージアリティ(museality:博物館性)という概念を提唱し,博物館化の背景を考察した。ストランスキーによれば,ミュージアリティとは博物館資料に本来備わっている本質的な特性である。これは人間と現実的な物体(資料)との関係を示す過程を通してのみ認識できる現実の一側面である。換言すれば,「ひとつの現実を記録化することが可能な特性」である(別のところでは,「意味」「内容・コンテンツ」の語も用いられている)。

媒体:図書館情報学では,本は情報内容としてのメッセージをもち,その内容を運ぶ媒体としてキャリアー(carrier:物体)から構成されているとしている。

つまり博物館のなかに存在する形ある物体はミュージアリティを運ぶことのできる媒体であり,この媒体を「ミュージアリア:musealia」と呼ぶ。ミュージアリアは,博物館資料としての基本単位であり,最も重要な概念である。

ストランスキー「博物館学　研究序論」フランソワ・メレス&アンドレ・デバレ編/水嶋英治訳『博物館学・美術館学・文化遺産学基礎概念事典』東京堂出版,872-908頁を参照されたい。

12　1館まるごと事例研究

1　国立科学博物館

（1）博物館の経営

① 国立科学博物館の沿革と目的

国立科学博物館は，1877年設立の教育博物館を礎としており，学校教育を支援することを目的とした施設であった。その後，東京教育博物館となり，通俗教育（社会教育）を推進する施設になった。博物館の使命は，教育者の知識を深めるためから，一般の人々への科学知識の普及へと転換した。東京教育博物館内の通俗教育館（写真参照）では動物の剥製標本を配したジオラマ展示，来館者が直接展示物に触れて，体験ができ，さらに興味をもった人は図書室で調べるなどの先進的な取り組みがあった。その後，関東大震災後に東京帝室博物館（東京国立博物館の前身）の自然史関係の資料が移管されたこともあり，自然科学に関する資料を扱う科学博物館へとその基調を変えた。第二次世界大戦後，日本学術会議による「自然史科学研究センター」の設立の要望があり，最終的には国立科学博物館にその機能が付与された。国立科学博物館は自然史および科学技術史に関する中核的な研究博物館となっている。2001年独立行政法人法に基づく博物館に位置づけられて現在に至っている。

通俗教育館の様子　1913（大正２）年ごろ，来館者が触ることができる機械類が展示されている。
出所：『国立科学博物館百年史』より　©国立科学博物館

以上のような経緯があるため，国立科学博物館の設置根拠は，「独立行政法人国立科学博物館は，博物館を設置して，自然史に関する科学その他の自然科学及びその応用に関する調査及び研究並びにこれらに関する資料の収集，保管（育成を含む。）及び公衆への供覧等を行うことにより，自然科学及び社会教育の振興を図ることを目的とする」（独立行政法人国立科学博物館法第３条）

とある。国立科学博物館の設置目的と博物館法の第2条と比較すると，国立科学博物館法では，自然史に関する科学と自然科学の応用に関する調査研究を第一番目にもってきて，調査研究機能に重点をおいて博物館を運営していることが特徴であることがわかる。

国立科学博物館の上野本館　Ⓒ国立科学博物館

② 使命，目標，事業

国立科学博物館の使命は「国立科学博物館は自然史及び科学技術史の中核的研究機関として，また我が国の主導的な博物館として調査・研究，標本・資料の収集・保管・活用，展示・学習支援活動を通じ，人々が，地球規模課題を含む地球や生命，科学技術に対する認識を深め，地球と人類の望ましい関係について考察することに貢献すること」である。この使命を実現するために3つの中期目標を設けている。「自然史及び科学技術史の調査・研究」「ナショナルコレクションの構築・継承及び活用」「人々の科学リテラシーの向上を目指した展示・学習支援」である。これらの中期目標は博物館の「調査研究」「資料の収集保管」「展示学習支援」の事業の目標となっている。

③ 組織

国立科学博物館の組織は，経営管理部，事業推進部，科学系博物館イノベーションセンターの3つの部があり，これらは事務管理・事業系の部である（2023年現在)。研究組織として動物研究部，植物研究部，地学研究部，人類研究部，理工学研究部，筑波実験植物園，昭和記念筑波研究資料館，附属自然教育園，産業技術資料情報センターがあり，各研究領域の資料に関する調査研究を行っている。標本資料センターと分子生物多様性研究資料センターは，標本・資料に関する収集保管，分析などを各研究領域横断的なコレクションの構築に寄与している（図12.1)。

④ 評価

国立科学博物館は，2001年文部科学省所管の独立行政法人とな

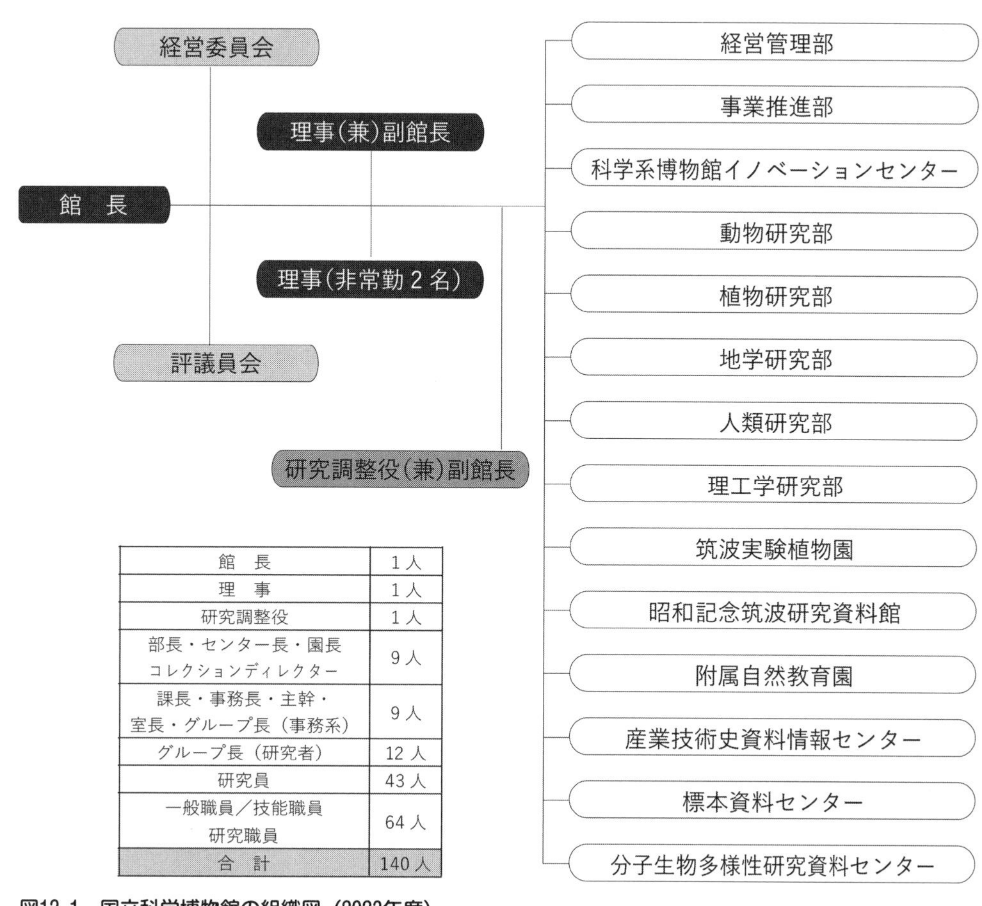

館　長	１人
理　事	１人
研究調整役	１人
部長・センター長・園長 コレクションディレクター	９人
課長・事務長・主幹・ 室長・グループ長（事務系）	９人
グループ長（研究者）	12 人
研究員	43 人
一般職員／技能職員 研究職員	64 人
合　計	140 人

図12.1　国立科学博物館の組織図（2023年度）
出所：国立科学博物館ウェブサイト組織図より筆者作成

り運営されている。文部科学大臣が有識者の意見を聞いて独立行政法人の評価を行う（図12.2）。独立行政法人は中期目標期間ごとに評価される。国立科学博物館の場合は，５年間の中期目標に基づいて評価される。中期目標は文部科学大臣から指示され，その中期目標を達成するために，国立科学博物館が５年間の中期計画を策定し，文部科学大臣の認可を得る。５年間の中期計画を細分化した年度ごとに計画（年度計画）について年度評価が行われ，各年度５年度分の評価をもとに５年間の中期目標期間の評価

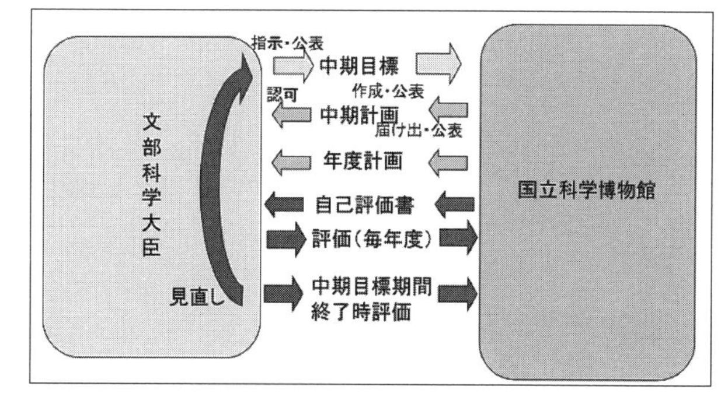

図12.2　評価の仕組み
出所：筆者作成

と独立行政法人の見直しが行われる。

⑤ 収入と支出

政府からの運営費交付金が主な収入（28億4000万円）であり，全体収入（35億5100万円）の８割を占めている。残りの２割が入場料等収入（７億1000万円）である（数字はいずれも2023年度見込み）。またそれ以外に，外部資金として，科学研究費補助金（１億100万円），受託研究収入（１億4800万円），寄付金（２億2600万円），資料同定（3600万円），大学パートナーシップ（3000万円）で，合計５億900万円となっている。近年の新型コロナウイルス感染症拡大に伴う行動制限があり，2020～2022年の３年間では入館者数とともに入場料収入が減少した。

支出は展示関係経費（28.8%），研究関係経費（12.4%），収集保管関係経費（6.7%），学習支援関係経費（8.1%），一般管理費（13.9%），人件費（29.9%）となっている。

独立行政法人制度が導入された当初は人件費の支出を５年間で５%，展示や研究などの業務経費を５年間で５%，一般管理費の支出を15%以上削減することが決められていた。近年は人件費の削減目標はなくなり，一般管理費および業務経費合わせて５%以上の削減が義務づけられている。このような仕組みで独立行政法人になってから運営費交付金が年々減ってきており，経営の効率化と自己収入の増加，すなわち入場料収入，寄付金などの外部資金を増やしていくことが課題となっている。

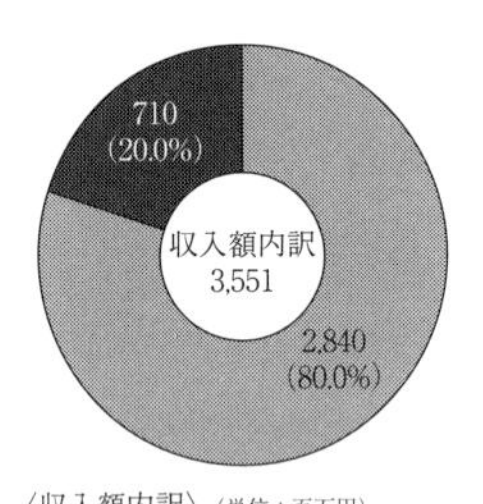

〈収入額内訳〉（単位：百万円）
Breakdown of revenues (unit : millions of yen)
- 運営費交付金 Grant for operating expenses
- 入場料等収入 Revenue (Estimated)

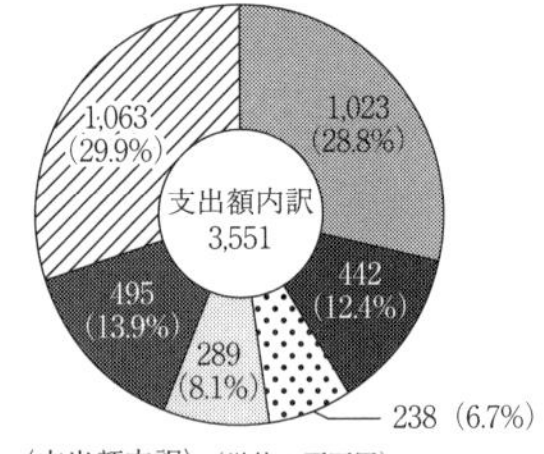

〈支出額内訳〉（単位：百万円）
Breakdown of expenditures (unit : millions of yen)
- 展示関係経費 Exhibiting expenses
- 研究関係経費 Research expenses
- 収集保管関係経費 Collection expenses
- 学習支援関係経費 Educational promotion expenses
- 一般管理費 General management expenses
- 人件費 Personnel expenses

図12.3　収入と支出の見込み（2023年度）
出所：『国立科学博物館概要』2023　32頁

なお，2023年度には，標本・資料の収集・保管に要する資金がコロナ禍や光熱費，原材料費の高騰などによって大きな危機にさらされ，標本・資料を安定的に収集し，適切に保管しつづける体制を維持するために，「地球の宝を守れ」として大規模なクラウドファンディングを実施した。

クラウドファンディングのウェブサイト
写真提供：ⒸREAYFOR 株式会社

（2）調査・研究

国立科学博物館は国立の唯一の総合科学博物館として，自然史および科学技術史に関する研究を行っている。その研究は地球と生命の歴史，生物と地球環境の多様性を解明し，科学技術の発展過程を明らかにすることを目的に標本・資料に基づく実証的かつ継続的な研究を行っている。国立科学博物館は日本およびアジア地域における研究センターとして，さまざまな研究機関と協力しながらプロジェクト型研究を進めている。

図12.1の組織図にあるように，動物・植物・地学・人類・理工学の５研究部と産業技術史資料情報センター・標本資料センター・分子生物多様性研究資料センターの３つの研究センター，ならびに筑波実験植物園，附属自然教育園がさまざまな機関と連携して調査・研究を展開している。各研究部には細分化された研究グループがあり，たとえば動物研究部には，哺乳類・鳥類・爬虫類などの脊椎動物を研究対象とするグループ，軟体動物・甲殻類・寄生虫などの海の無脊椎動物を研究対象とするグループ，昆虫類・クモ類などの陸の無脊椎動物を対象とするグループがある。

調査・研究は，基盤研究と総合研究の２つに区分される。基盤研究は，各研究部などの研究グループまたは研究チームごとにテーマを定めて，中期目標期間である５年間にとどまらず，長期間にわたり，継続的に展開している。総合研究は，地球規模の課題などの重要な課題に対して，いくつかの分野が協同して期限を定めて行う研究である。『国立科学博物館の概要 2023』に掲載されている総合研究テーマは以下のとおりである。

筑波研究施設の総合研究棟と自然史標本棟
Ⓒ国立科学博物館

■国際共同研究によるミャンマーの自然史の解明と研究拠点形成
■環境変動と生物変化に関する実証的研究―様々な時間尺の環境変化に対する形態や機能変化を捉える―
■過去150年の都市環境における生物相変遷に関する研究―皇居を中心とした都心での収集標本の解析―

国立科学博物館が2019年に文化庁の所管となったことをふまえ，2021年度からの第５期中期目標では，「自然科学と人文科学を融合させた新たな研究の可能性を探ること」としている（国立

科学博物館第５期（令和３～７年度）中期目標）。

（３）資料の収集・保管

博物館は，その使命に基づき博物館資料の収集・保管などに関する基本的方針がある。国立科学博物館は，科学技術・イノベーションの基礎をなす知識・知見や科学的なデータの体系的収集・蓄積に向け，科学的再現性を担保する物的証拠として，あるいは自然の記録や人類の知的活動の所産として，標本・資料を継続して収集し，日本を代表する数・質を有するナショナルコレクションを体系的かつ戦略的に構築し，人類共通の財産として将来にわたって確実に継承することとしている（国立科学博物館第５期中期目標）。国立科学博物館は，2022年度現在で約500万点に及ぶ標本・資料を収集保管している（表12. 1）。

表12. 1　標本・資料数の推移

年度 Fiscal year / 区分 Division	平成30年度 2018	令和元年度 2019	令和２年度 2020	令和３年度 2021	令和４年度 2022
動物研究部 Department of Zoology	2, 216, 203	2, 244, 908	2, 278, 047	2, 312, 578	2, 346, 747
植物研究部 Department of Botany	1, 985, 949	2, 026, 377	2, 051, 532	2, 086, 656	2, 110, 147
地学研究部 Department of Geology and Paleontology	302, 671	322, 351	332, 013	354, 081	353, 270
人類研究部 Department of Anthropology	163, 127	163, 128	163, 303	163, 309	163, 315
理工学研究部 Department of Sclence and Englneering	30, 233	30, 321	30, 629	30, 687	30, 815
計 Total	4, 698, 183	4, 787, 085	4, 855, 524	4, 947, 311	5, 004, 294

出所：『国立科学博物館概要』2023年，17頁

国立科学博物館の標本・資料の収集・管理に関する基本的方針である「コレクションポリシー」は，図12. 1の組織図にある標本資料センターによって以下の内容が策定されている。

（前略）日本を代表するナショナルコレクションとして，広い範囲から収集され，海外にも誇れる数と質をもつべきである。また，日本各地に存在する博物館や大学などとも連携しながら，先人によって収集・研究された貴重な標本・資料の散逸を防ぐセーフティネットとしての機能の一翼を担う必要がある。当館のコレクションは，地球や生命，科学技術に対する理解を深め，人類と自然，科学技術の望ましい関係について考える研究の基盤となる物的資料であると同時に，研究結果を保証する物的証拠である。また，展示・学習支援事業に活用し，人々の科学リテラシーの向上に資するための資料である。（後略）

出所：国立科学博物館のコレクションに関する基本方針のウェブサイト https : //www.kahaku.go.jp/institution/specimen/policy/index.html

国立科学博物館のコレクションポリシーは，コレクションの性格づけと使命をふまえたコレクションの構築の必要性と活用について記述されている。さらに研究分野ごとのコレクションの構築方針が策定されている。そのコレクションの収集範囲は，国内および東アジアから東南アジア地域，西部太平洋に及び，またコレクションの収集や受け入れに関する倫理についても言及している。そのほか，コレクションの保存・利用・情報公開・廃棄について具体的に策定している。標本・資料は採集，発掘，寄贈，購入，寄託によって収集され，必要に応じて標本化され，同定される。標本・資料は登録番号を付けられ，登録台帳に記録される。標本・資料は分類群ごとに整理，収蔵され，展示・研究・教育活動などに活用される。近年，自然史資料に関してはGBIF（Global Biodiversity Information Facilities：地球規模生物多様性情報機構）の構築により，各博物館の収蔵資料に関する情報が電子化され，全世界的な資料情報の検索ができるようになっている。

GBIF：詳しくは第9章第2節（1）を参照。

2021年度からの中期目標期間では，「標本・資料の重要性や収集保管の意義について国民の理解を促進する」ことが目標とされており，そのためにICTを活用し，収蔵庫の公開や標本・資料等のデジタルアーカイブ化による情報提供を行うことが課題となっている。

（4）展示・学習支援活動

展示・学習支援事業の中期目標は，「調査・研究及び標本・資料の収集を通じて蓄積された知的・物的・人的資源を一層活用するとともに，国内各地域の科学系博物館や大学などと連携協働しながら，展示・学習支援事業等の博物館ならではの方法で社会に還元すること。これにより，子どもから大人まで生涯を通じた国民の科学リテラシーの向上を図り，科学が文化として広く社会に受け入れられる土壌を醸成し，かつ，それを促す人材を育成すること。さらに展示・学習支援事業で得られた成果を全国各地における科学系博物館の活性化につなげること」とされている。人々の科学リテラシーの向上を目標とした展示と学習支援活動を展開している。

① 展示

展示には，常設展示と企画展示があり，企画展示には特別展と企画展がある。常設展示には，上野本館の日本館，地球館，筑波実験植物園，附属自然教育園がある。日本館は，「日本列島の自然と私たち」をテーマに，日本列島の生い立ち，日本人の形成などが展示されており，著名な秋田犬（ハチ）も展示されている。そのほかシアター360という360度全方位に映像が映される世界でも数少ないシアターがある。地球館は「地球生命史と人類」というテーマで，地球上の多様な生き物の様子を展示している。ハワイの実業家から寄贈されたヨシモトコレクションの一部である大型哺乳類のはく製標本が展示されている（口絵Ⅰを参照）。

国立科学博物館（上野，筑波実験植物園，附属自然教育園３施設）の年間入館者数（数字は概数）は2018年度267万人，2019年度274万人，2020年度53万人，2021年度112万人，2022年度207万人であった。2020～2022年度は新型コロナウイルス感染症の影響を受けた結果と考えられる。2018年度を詳細にみると，常設展入館者数が160万人，特別展が100万人であった。入館者数で常設展は特別展を上回り120～160万人の集客をしている点は，ほかの博物館にはない特徴となっている。このような常設展の充実は，関係者の努力によるが，収集保管された豊富な標本・資料と標本資料に基づく調査研究の成果を効果的に展示と教育活動へ反映してきた結果と考えられる。

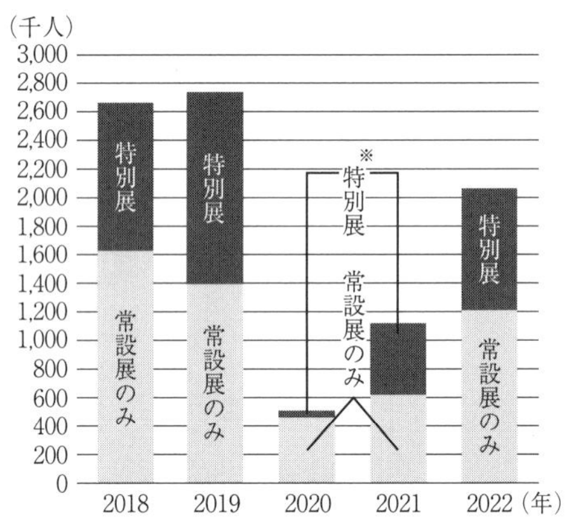

図12.4　入館者数の推移

出所：『国立科学博物館概要』2023年，24頁

国立科学博物館附属自然教育園

上野本館の日本館と地球館

筑波実験植物園　３点とも©国立科学博物館

国立科学博物館サイエンスコミュニケータ養成実践講座　左はサイエンスコミュニケーション１で展示室において学生が来館者と対話し，主にコミュニケーション能力の育成をめざしている。右はサイエンスコミュニケーション２で専門家（中央）を招いてサイエンスカフェを企画実施し，主にコーディネート能力の育成をめざしている。筑波大学，東京工芸大学，東京農工大学が当該講座を大学院の単位として認定している。　©国立科学博物館

フロアガイドのボランティア　©国立科学博物館

② 学習支援

国立科学博物館では，子どもから大人までさまざまな年代の人々の科学リテラシーを高める学習支援事業を関係機関等と連携・協力して実施している。子どもから大人までの一般向けの講座として，研究者が直接来館者と対話をして博物館の展示や研究内容について解説する「ディスカバリートーク」，大学生の対象にした「大学生のための自然史講座」などを展開している。また学校との連携事業として，大学生のサイエンスコミュニケーション能力と科学リテラシーを涵養する「大学パートナーシップ制度」や小中高校との連携として「かはくスクールプログラム」などを実施している。さらにナショナルセンターとして教員の博物館に対する理解と興味を高めるために「教員のための博物館の日」を全国展開している。専門家と国民の間のコミュニケーションを促進させ各地の博物館等で活躍するサイエンスコミュニケーションを担う人材を全国規模で育成している。

ボランティア制度は全国の博物館における先駆けとして1986年から導入された。現在，上野本館，筑波実験植物園，附属自然教育園の３地区で合計200名以上のボランティアが展示室での来館者との対話，園の案内に活動している。

国立科学博物館編集・発行『国立科学博物館百年史』1977年，184頁。

独立行政法人国立科学博物館「独立行政法人国立科学博物館概要2023」https://www.kahaku.go.jp/about/summary/imgs/kahaku_outline2023.pdf（以下URLは2023年７月１日最終閲覧）。

文部科学省「独立行政法人国立科学博物館が達成すべき業務運営に関する目標（第５期　中期目標）」https://www.kahaku.go.jp/disclosure/duties/imgs/01_5.pdf

独立行政法人国立科学博物館「国立科学博物館組織図」https://www.kahaku.go.jp/disclosure/organization/imgs/organization202304.pdf

（5）広報・連携

国立科学博物館は，その有する標本資源（デジタル情報含む），

人的資源，展示・学習資源等を最大限に活用し，新しい事業の開発・実施を通じて，各地域の博物館や国内外のさまざまなセクターとともに社会の要請に応える博物館活動を展開している。2020年に科学系イノベーションセンターを設立し，従来から実施してきた地域の博物館などとの連携事業を体系的に整理し，開発，大規模に展開している。これは国内唯一の国立の科学系博物館として，ナショナルセンター機能と位置づけられている。とくに地域博物館のネットワーク醸成や地域の活性化を支援するため，巡回展示の貸出や，巡回展示と学習・研修事業を組み合わせた連携協働事業（ノーベル賞を受賞した日本の科学者などの展示，ポケモン化石博物館，ヨシモトコレクションを巡回展示にしたWHO ARE WEなど）を全国展開している。

「WHO ARE WE」展示会場の様子
©国立科学博物館

また全国科学博物館協議会の理事館として，200館以上の国内の科学系博物館のネットワークの構築と学芸員の研修，研究発表のコーディネートをしている。

2　ミュージアムパーク茨城県自然博物館

（1）ミュージアムの概要

ミュージアムパーク茨城県自然博物館（以下，当館）は，1994年に開館した，県立の自然史系博物館である。名称に「ミュージアムパーク」と冠したのは，広い野外施設をもっていることを表すためと，“近くの公園にでも立ち寄るような気軽な気持ちで利用していただきたい”という願いを込めてのものである。また，広報誌のタイトルにもなっている「A・MUSEUM」というキャッチフレーズを掲げ，誰もが親しめ，誰もが楽しめる「Amusement + Museum」をめざす，としている。常設展示には，当時先進的であった恐竜の動刻（動くロボット）を導入し，広い水族館スペースを設置するなど，動く展示や生体展示を多用しているのが特徴である。

組織は，非常勤職員を含めて約70名からなり，学芸員６名のほか，事務を担う職員や，小・中・高等学校の教員（交流職員）が在籍している。職員は業務に基づいた４つの課に配分されている

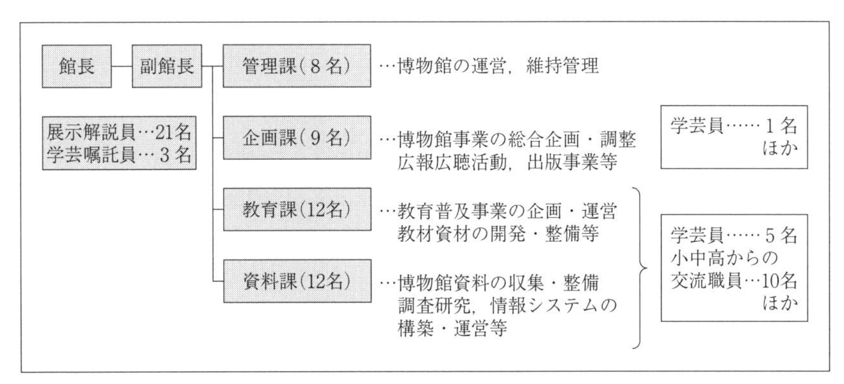

図12.5　博物館組織図

（図12.5）。交流職員は，５年程度当館に在籍し，企画展示の企画や調査研究，教育普及活動など，学芸員と同様の業務を行いながら，地域の自然史研究の担い手としての研鑽を積む。当館では，学芸員とこれらの交流職員をあわせて「学芸系職員」と呼んでいる。なお，学芸系職員は動物，植物，地学の３研究室に分けられ，各研究室で協力して事業を進めている。このような体制のもと，当館では，県立博物館として地域の自然史研究の中核を担いながら，展示，教育普及活動を行っている。以下に，項目ごとに事業の概要を紹介する。なお，資料点数等のデータは2023年３月末のものである。

研究活動・資料収集：ミュージアムパーク茨城県自然博物館の公式ウェブサイトで公開しているので参照されたい。https://www.nat.museum.ibk.ed.jp/materials/

① 資料

当館は茨城県立の博物館であることから，資料の収集対象を主に「茨城の風土に根ざした自然」に関する資料とし，いわゆる「地域収集資料“Regional collection”」の充実を進めている。実際にはそれ以外にも，各学芸系職員の調査研究や企画展示関連で収集した国内外の幅広い地域の資料が収集されている。また，寄贈標本の受け入れにより，開館以前に収集された県内外の貴重な資料も蓄積している。蓄積した総資料点数は約43万点である。この点数は当館の収蔵庫の収容能力をすでに超えており，早急な増築などの対策が必要となっている。

収蔵資料のデータベースへの登録を順次進めており，登録件数は約30万件（収蔵資料数の約70％）である。採集者などの個人情報を除いて，登録データを当館の公式ウェブサイトで公開している。また，国際的な標本データベースであるGBIFおよび国内用のS-netにも登録データを提供している。

標本の整理は学芸系職員が主導し，学芸嘱託員および多くのボランティアの協力を得て行っている。ボランティアは約100名が登録されており，標本整理のほか，教育普及活動などさまざまな活動を行っている。

② 展示

常設展示は延床面積が約3000m²ある。シンボル展示と７つの展示室に分かれており，第１展示室「進化する宇宙」，第２展示室「地球の生いたち」，第３展示室「自然のしくみ」，第４展示室「生命のしくみ」，第５展示室「人間と環境」，ディスカバリープレイス　観察コーナー，ディスカバリープレイス　部門展示「茨城の自然」で構成されている。第２展示室には恐竜の動刻を，第３展示室には水族館スペースを有している。県立博物館としては，茨城県に特化した展示スペースは比較的少なく，宇宙から地球の自然まで広く学べる構成となっている。開館以来，部分的なリニューアルを不定期に行っており，2017年３月には第２展示室の恐竜の動刻を含むジオラマを最新の知見に基づいて大規模に更新した。そのほか，企画展示で収集した資料や製作した展示物を常設展示に移設するなど，小規模な更新や修繕を各年で行っているが，全館規模のリニューアルは開館以来行っていない。

企画展示は年３回行っており，動物，植物，地学の３分野がバランスよく開催されるようにテーマを決定している。ときに，分野横断型の企画展示を開催することもある。企画展示室は1000m²弱の面積があるが，これを可動壁で区切り，およそ500～600m²を展示スペースとして用いている（残りは什器などを収納するバックヤードとしている）。2022年度の年間の入館者数は約45万人

第２展示室「恐竜たちの生活」

第３展示室「河川・湖沼・海の生態系」

自然発見器

野外施設の地図（総合案内パンフレットより）

であり，１つの企画展示あたり約11～12万人が来館した。なお，企画展示については，第５章に当館の事例を中心に詳しく紹介している。

また，雑木林・谷津田・沼など里山的環境を合わせもつ広大な野外施設を有することを特徴の１つとしており，敷地面積は15.8ha（東京ドーム3.5個分）に及ぶ。隣接する「菅生沼」は県内最大の自然環境保全地域に選定されており，冬季にはコハクチョウが飛来する。野外施設には動植物や岩石などを紹介する看板やクイズが各所に設置されており，学芸系職員による観察会がほぼ毎週開催されている。「自然発見器」と名付けられた体験型施設は，大きなトランポリンを中心に，子どもたちが遊びながら動物の生活や行動を擬似体験できる施設になっている。

③ 教育

教育普及活動は多岐にわたるが，主要なものを以下に紹介する。

■展示解説および館内用の学習支援プログラムの提供

展示解説員により，一般来館者向けの常設展示の解説（ガイドツアー）を１日２回（土日祝日を除く）行っているほか，特定のテーマに絞った「スポットガイド」を毎週土曜日，１日２回行っている。また，小中学生の遠足を対象として，「自然発見ノート」と名付けた館内の展示学習用ワークシート24種類，野外活動用ワークシート19種類，「たんけん・調査カード」11種類などを公式ウェブサイトから提供している。

■野外施設での自然観察

野外施設において，毎週土曜日（第３土曜日を除く）に学芸系職員ごとにテーマを決めて「ネイチャーガイド」と題した観察会を行っている。第３土曜日には，野外にブースを設け，ボランティアによる自然解説や観察会を行う「ふれあい野外ガイド」を開催している。また，野

展示解説員によるガイドツアー

ネイチャーガイド

サンデーサイエンス

移動博物館

外施設内の「自然発見工房」と名付けた施設では，観察器具の貸出，質問の受付などを行っている。

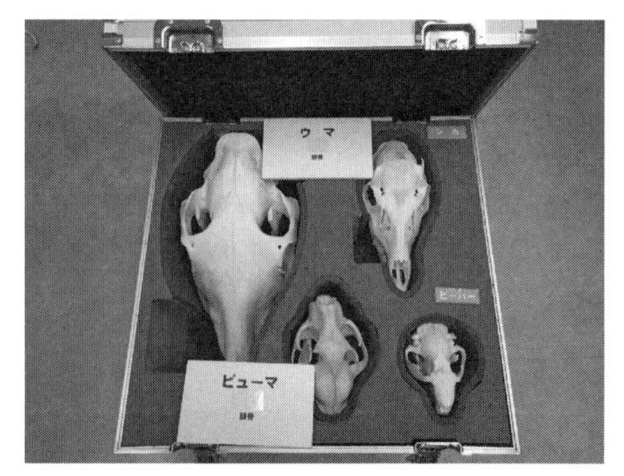

教育用貸出資料「頭骨標本セット」

■イベント（観察会・講座など）

毎週日曜日に，月替わりのテーマで「サンデーサイエンス」と名付けた，自然博物館ならではの観察や実験，ものづくりの講座を開催している。そのほか，年間20～30件ほどのイベントを開催している。イベントの内容は，企画展示を記念した講演会や，博物館内外のフィールドでの自然観察会，学芸系職員の研究紹介など多岐にわたる。

■移動博物館

県内の学校や公民館等の社会教育施設に展示物を運び，移動博物館を行っている。年間10～15件程度で，期間は１日～１週間程度である。

■教育用資料の貸出

学校や社会教育施設における理科教育や環境教育などで活用できるように博物館の標本・資料を教育用資料として整備し，貸出を行っている。年間30～50件程度の利用がある。

■講師派遣

学校，社会教育施設などからの授業支援や講演などの要請に対し，博物館職員を派遣している。希望する団体などへ出向く「派遣型」と，団体来館時に博物館内で実践する「Study in Museum」に分けて実施している。あわせて，年間50～100件程度の利用がある。

■ジュニア学芸員育成事業

自然に関する研究や博物館の活動に関心をもつ中高生を対象として，調査研究活動の支援を行っている。新規参加者には基本的な技能の習得に重点をおいた養成講座を実施し，継続参加者には自主研究活動への指導・助言を行っている。年間10～30名程度の新規参加者があり，年度ごとに自主研究活動の発表会を行っている。

④ 研究

重点研究「筑波山のブナの毎木調査」

当館では，調査研究を「総合調査」「重点研究」「創造的調査研究」の３つに分けて実施している。

総合調査は，県内の生物相やその変遷，地質などの地学的特性を把握するため，自然史資料の集積を図り，県内の資料の目録をつくることを目的とする調査活動で，外部の研究者を中心とした委託調査団体と当館の学芸系職員が協力する形で調査を行っている。1994～2005年の第Ⅰ期総合調査，および2006～2017年の第Ⅱ期総合調査では，県全域を４地域に分け，各地域を３カ年かけて12年で県内全域を網羅できるよう調査を実施した。2018年から始まった第Ⅲ期総合調査研究では，県全域を対象とし，未調査の地域や未確認種を重点的に調査している。

重点研究は，県内の自然史や当館の博物館活動に関する重要な課題や今日的な課題をテーマとし，大学や研究機関，博物館，行政などの外部機関と連携して，グループで行う調査研究活動である。例としては，県内で駆除されたアライグマを用いた食性解析，筑波山のブナの毎木調査，白亜系那珂湊層群の古生物相の調査などがあげられる。

創造的調査研究は，博物館職員の資質の向上と博物館活動の発展，さらに自然科学の向上発展に寄与することを目的として，職員各自の専門性や業務内容に関連したテーマに基づき行う調査研究活動である。学芸系職員全員が各１つ以上の研究テーマを設定し，館内で調査研究発表会を年２回実施している。

13 博物館実習

1　理工系博物館での実習内容

学芸員とはどういう職業であるのか。博物館法では，資料の収集，保管，展示，教育，調査研究といった博物館の主たる機能を司る専門的職員とされている。つまり，これらの知識と技術を身につけ，実際に現場で活用できるスキルが求められる。だが，それは現場で年月をかけて経験を積んでいくことで習得されるものであり，１～２週間程度の博物館実習で身につけることは非常に困難である。

そうではあるが，学芸員の養成過程において，現場で学芸員の仕事を一部でも経験することは，将来学芸員になったときに大きく役立つ。ただし，それはその経験を通して，学芸員としてもたなくてはならない意識を理解した場合に限る。つまり，博物館実習の真の意義は，この「経験」を通して「意識」を習得することにあると考える。

ここでは，理工系博物館のなかの科学館における実習の事例を紹介する。実習スケジュールの例を表13.1に示す。館によって実施時期や日程，受入人数，内容は異なるであろうが，「来館者対応」の実習は共通しているであろう。とくに科学館は子どもの来館者層が多く，子どもへの対応を注意しなくてはならない。ここでは，表13.1のスケジュール例に沿って，学生の実習日誌という形で事例を紹介していこう。

博物館実習の様子

表13.1　博物館実習スケジュール事例

日	時間	プログラム	概要
1日目	9：30-10：00	オリエンテーション	実習スケジュール・注意事項など説明
	10：00-11：00	館の概要説明	館の歴史や諸活動など
	11：00-12：00	博物館の役割	地域や学校，企業との連携
	13：00-15：00	館内施設・設備見学	来館者対応に向けて設備の位置など把握
	15：00-17：00	日報等作成	
2日目	9：00-10：00	ホスピタリティ講座	朝礼見学，来館者対応の心構え
	10：00-12：00	博物館展示ができるまで	企画から製作までの流れ
	13：00-14：00	展示メンテナンス	展示ができたあとの維持管理
	14：00-16：00	展示見学	自由見学・ディスカッション
	16：00-17：00	日報等作成	
3日目	9：00-10：30	教育普及活動	「科学を伝える」とはどういうことか
	10：30-12：00	調査研究活動 フロア実習	科学館における事例 来館者対応の実践
	13：00-15：00	広報活動	広報誌，HP等の媒体の紹介
	15：00-16：00	日報等作成	
4日目	9：00-9：30	展示巡回	開館前の立ち上げ作業の補助
	10：30-12：00	展示メンテナンス実習	展示物の補修，検査の実践
	13：00-16：00	フロア実習	来館者対応の実践
	16：00-17：00	個別面談，日報等作成	
5日目	9：30-12：00	工作教室・実験ショー補助	道具準備，指導補助，参加者対応
	13：00-15：30	工作教室・実験ショー補助	指導補助，参加者対応，道具片付
	15：30-17：00	個別面談，日報等作成	
6日目	9：30-12：00	工作教室・実験ショー補助	道具準備，指導補助，参加者対応
	13：00-15：30	工作教室・実験ショー補助	指導補助，参加者対応，道具片付
	16：00-17：00	日報等作成	
7日目	10：00-15：00	館内調査実習	調査テーマ，実施計画
	15：00-17：00	個別面談，日報等作成	調査内容・手法の確認
8日目	10：00-16：00	館内調査実習	アンケート，行動調査，ヒアリングなど
	16：00-17：00	日報等作成	
9日目	10：00-12：00	館内調査実習	アンケート，行動調査，ヒアリングなど
	13：00-16：00	調査結果まとめ	調査結果まとめ，発表資料作成
	16：00-17：00	日報等作成	
10日目	10：00-12：00	調査結果発表準備	
	13：00-16：00	調査結果発表・講評	
	16：00-17：00	日報等作成，各書類手続き	

2　ある実習生の実習日誌

この日誌は，実際に科学館で博物館実習を受けた学生たちの感想文を参考にして構成したものである。実習を受けた学生にアンケートを行い，実習後の学芸員のイメージを聞いている。また，これから実習を受ける後輩に向けたアドバイスも述べてもらった。回答例を表13.2，表13.3に示す。

■１日目

今日から実習がはじまった。ほかの大学から９名が参加していて，理系だけではなく文系の学生もいた。女の子のほうがやや多く，いつもは男ばかりの研究室にいるので緊張した…と，そんなことはともかく，今日は館の展示や教育，調査研究活動を紹介してもらい，館の社会的な機能や役割について習った。大学の講義だけではイメージしにくい現実の博物館の役割を実感した。

■２日目

まず展示製作の流れについて教わった。実際に作成された図面や試作を見せてもらいながら，展示の目的や機能，効果など，展示を製作するうえで考えるべき重要点について学んだ。そして，今日，自分にとって一番重要だと思ったのは，ホスピタリティの講義であった。館内の案内はもちろん，展示や教育活動も来館者がどのような意識をもっているのかを知り，それに対し館側は来館者に向けてどのような意識をもつのかが重要であると聞き，はっとさせられた。ひそかに，実習中に自分で考えた展示を提案してやろうなんて思っていたけれど，あやうく自分本位の一方的なはずかしいものを出すところだった。

■３日目

今日は，教育普及活動についての講義を受けた。実験ショーを担当している先生が「子どもたちにとって『なんで？』と思った瞬間が，知識や技術を吸収するチャンスであり，科学を楽しく感じるチャンス。そのチャンスをすくってあげるのが私たちの仕事」という話をしてくれた。学校教育とはまた違う博物館での教育のあり方を学んだと同時に，プロ意識を感じた。「科学を伝える」とはどういうことかを初めて真剣に考えた。

■４日目

展示メンテナンスで技術スタッフの方と館内を回ることになった。２日目にメンテナンスについての講義は受けたが，今日は実際の作業の助手を務めることになった。ふだん研究室で工具類や計測機器をいじっている自分にとっては腕の見せどころ（いいところを見せるチャンス⁉）と思ったけれど，多種多様な装置にあたふたしてまった。科学館は触って動かす展示が多いので，耐久性や安全性を維持するために毎日のチェックは欠かせない。維持管理の大変さを実感した。

■５日目

小学生対象の工作教室で，先生の補助をすることになった。じつは，子どもはちょっと苦手。不慣れな手ではんだごてを使っている子どもたちを見ると，「ああ，そんなに大きな玉をつくっちゃって～」などと細かいことを言いたくなってしまう。でも，子どもたちに「先生，教えて」と言われたときはうれしかった。これはまさに，３日目に実験の先生が言っていたそのチャンスだ！　と思い，ここを逃してはなるまいと指導した。気がついたら子どもたちと一緒に楽しんでいた自分にびっくり。

■6日目

今日も工作教室の指導補助。昨日は楽しかったので，今日もがんばるぞと張り切って補助についたけど，現実はそうあまくはなかった。子どもたちに対して，相手が知っていて当たり前かのように，つい専門的な用語を使って説明してしまう。２日目の講義で，来館者のことを考えなくてはならないと気づかされたにもかかわらず，いざ実践するとそれがいかにむずかしいことであるのかを痛感した。

■７日目

早いもので実習も残り４日。今日から自分でテーマを決めて調査研究活動を実践することとなった。テーマを何にするか迷ったが，昨日の失敗もふまえて来館者について調べようと思い，展示に対する来館者の意識を調査することにした。進め方や注意点などは学芸員の方にアドバイスをいただき，アンケート調査の計画を立てて準備を整えた。さあ，明日から現場で実践だ！

■８日目

いよいよ調査開始。展示室の前に立って「アンケートにご協力ください」とお願いしたが，なかなか答えてもらえなかった。内弁慶な自分は，人前に立つとどうもあがって声が出なくなってしまうらしい。スタッフの方に，「もっと大きな声を出さなくちゃ」と肩を叩かれて奮起。「よろしくお願いしまーす」。声の大きさに比例して回答してくれる来館者が増えていく気がした。そして意外と声が出る自分に驚いた。またまた新たな自分を発見。

■９日目

調査２日目。ほかの実習生たちは来館者へのヒアリング調査や行動調査，なかには実験や工作をしている人もいた。来館者と接していると，理科に対する関心度や，興味のある科学の分野の違い，展示のふれ方などいろいろなことを学ぶ。ほんの少しかもしれないけれど，来館者の視点と博物館の視点を併せもつことができたような気がする。

明日は調査結果の発表なので，今日中に結果をまとめなくてはならない。結果をどのようにまとめればよいかを学芸員の方に相談したところ，「いくつかあるデータのなかから，１つ焦点を当てて分析してごらん」というアドバイスをいただいた。

■10日目

ついに最終日，調査の結果の発表を行った。１人ずつ，これまで指導していただいたスタッフの方々の前で発表していった。自分は，「展示に対する来館者の意識と展示の効果の関係」について発表した。どの展示がよく体験されていたか，その展示を体験した人がどうして体験したいと思ったか，そして，体験してどう思ったかなどの結果を示して，その傾向について分析した。発表後，スタッフの方やほかの実習生からの質問に答え，最後に講評を受けた。まだ調査し足りない点は多々あるけれど，達成感があった。

実習を通して学芸員の仕事の大変さを実感したが，実習前よりめざしたいと思うようになった。

表13.2　実習を受けたあとの学芸員のイメージ

・学芸員は暗く，物静かな職業だと思っていたが実際は面白かった
・デスクワークだけでなく，体を使って仕事をしている印象を受けた
・スケジュールがかなりきつきつであること
・博物館の中で資料だけを対象にして保存，管理をしているイメージであったが，積極的に学校と連携して交流を広くしていること
・学芸員は資料の収集や調査，管理を行う専門家と思っていたが，他にも多くの仕事をかかえていることを実感した
・学芸員は黙々と博物館の裏で仕事をするイメージだったが，人との触れあいなどの能力も重視している
・コミュニケーション能力の必要性が思いのほかあった
・思っていたよりもイベントの準備などで忙しそうで，あまり研究の時間はとれていなさそうであった
・事務などで館にこもるだけでなく，とても地域の人と接する機会の多い仕事だとイメージが変化した
・学芸員は館内のことだけではなく外部からの依頼も受けることがあるので，一通りのことを把握していなければならず，改めて大変であると思った
・体験学習を夏の暑い日差しの中，野外で行っているのを見たことから，学芸員の仕事のハードさを知ることになりました
・館の運営のために，自分の研究だけではなく，人を呼び込むアイディアや企画も練っていて，知識があるだけでは駄目だということを強く感じた
・研究や館の運営だけでなく，いかに館を発信していくかが学芸員に求められる
・忙しいとは思ったが，それ以上に本当に楽しそうに毎日仕事をしていたので，雑芸員と言われてもやっぱり学芸員としての誇りを持っている人たちだと思えるようになった

表13.3　後輩に向けたアドバイス

・大学での授業をきちんと聞いておくこと
・授業だけでなく自分の足でいろいろな博物館を見学するのをオススメしたい
・博物館実習を行うまでに，同じ目的を持った学生と多くのコミュニケーションをとってみてください
・事前に実習館の展示内容についてしっかりと勉強しておいた方が，実習中来館者の対応などしやすい
・扱う資料について，少しでも下調べをして準備をしておくこと
・過去に同じ場所に実習に行った人がいるならば，その人からアドバイスを受けた方が良いと思う
・礼儀はきちんとすること
・積極的に実習を受けさせていただかないと得られることが少ない
・受身で学ぶのではなく興味を持って実習に臨むことが大事です
・自主的，自発的に行動し，自分の目で物事を判断してください
・学芸員さんとたくさん交流し，いろいろな情報を得ることが大切だと思います。人の経験から知識を学ぶこともできます。
・積極的に実習先の学芸員さんや来館者，地域の人とコミュニケーションをとることが大事です。
・ただ資格がほしいという気持ちでは実習はやっていくことはできないと思います。自分は学芸員になりたいという気持ちを持って実習を受けてほしい
・大学の授業では学ばないことをいっぱい吸収して，博物館の現実をとらえてください
・博物館実習で得られるものは，学芸員として必要な知識だけでなく，社会に出たときに必要となるスキルを身につけることができる場でもあるので，多くのことを吸収して実りのある実習にしてください

特論 3

理工系・自然史系の博物館員をめざす人へ

1　理工系博物館で働くための勉強法

科学系博物館に限らずだが，学芸員は間違いなく大学での研究とは異なるいろいろな分野にたずさわることになる。しかし，あれもこれも専門になることは当然できない。では，どうするか。学生の皆さんは，まずは大学での研究を自分自身でしっかりとやり遂げること。その際，とくに研究の仕方を身につけることが重要である。その経験は自分の軸となり，新しくふれる分野においても活かされる。

学芸員として働くための誰にでも通用する絶対的な勉強法はないと考える。自分なりの自分に合った方法を構築していくしかない。よって，ここでは筆者が学芸員になりたての頃の失敗談から，そのときにもっと勉強しておけばよかったと思ったことを紹介する。参考にしていただければ幸いである。

（1）工作教室で手順を説明しているときのおはなし

講師（筆者）　:「定規を使って3.5cm の線を引いてください。」
参加者（小 2）:「先生！ “.5” ってなんですか？」
講師　　　　　:「…，ごめんなさい」

小数や分数を何年生で習ったか覚えているだろうか。工作教室などのプログラムを企画したり，展示の解説文を執筆したりする際に，対象年齢（学年）を決めることとなる。理工系博物館では主に小学生が対象となる。そこで，何をどこまで学習しているかをある程度把握しておく必要がある。科学館はたいてい学校の教科書を入手しているので，学芸員になってプログラムの企画をする際には読んでおくこと。また，「子どもの科学」など小学生向けの科学雑誌を読むのもお勧めする。小学生の興味の対象や小学生に向けたわかりやすい表現方法を学ぶことができる。

（2）実験教室の道具を準備しているときのおはなし

講師（先輩）:「フラスコを用意しておいてくれた？」
助手（筆者）:「はい。ここにあります。」
講師　　　　:「…，なんで三角なの？」

丸底フラスコと三角フラスコの用途の違いをご存知だろうか。当然だという声が返ってきそうだが，一応弁解（言い訳）すると自分の専門は電気工学である。とはいえ，大学１年生までは化学実験の実習があって，何度か丸底，三角の両フラスコに出会っている。

理工系博物館では，学芸員が実験ショーに必要な道具を自分で製作したり，展示の試作などを自分で行ったりすることが多い。その際に，さまざまな実験器具や計測機器，工具，部材などを扱うことになる。よって，学生の皆さんには，今のうちから実験の実習などで出会った道具や機器の仕様や用途，操作方法をできる限り学んでおくことをお勧めする。使い方がわかると仕組みがわかり，仕組みがわかるとさらに使い方がわかるようになる。科学の現象や原理についての知識をもっていても，機器や道具を使ってそれを見せることができなければ理解を深めることを促せない。「見せてなんぼ」が理工系博物館である。

また，ドライバやラジオペンチ，ニッパ，スパナなどの工具は家庭にあれば，普段からなるべく使うようにすることをお勧めする。さらに，プレゼンテーションのためのAV機器やITC機器（アプリも含む）の設定や操作にも慣れておくことが望ましい。

（3）展示室で解説しているときのおはなし

解説者（筆者）	:「この技術の仕組みはパネルに書かれているように…」
来館者	:「すみません，文字と図がいっぱいで，どこを見ればいいんでしょうか」
解説者	:「えーと，…わかりにくいですよね」

サイエンスビジュアリゼーションという言葉を聞いたことがあるだろうか。簡単に述べると，科学を図やイラスト，CG，動画などを使って視覚的にわかりやすく伝える手法である。もちろん図やCGをたくさん使えばよいというわけではない。見やすさを含めたまとめ方が重要となる。いろいろな博物館の展示解説パネルなどを見て自分の視点で評価することをお勧めする。これから学会発表や卒業論文発表をすることになるであろう。まずは，その際のスライドづくりに活かしていただきたい。

◆◆◆

偉そうに述べたが，自分自身がいまだにやれていない，もっと早くやっておけばよかったと後悔していることがたくさんある。しかし，年齢を重ねると勉強する時間がどんどんなくなってくる。学生の皆さんは，時間があるいまのうちに，いろいろなことをいっぱい体験して，いっぱい勉強していただきたい。

［中村 隆］

2 「命」をどのように捉えて学芸員は提示・表現するか

「これ，死んじゃったの？　かわいそう…」

自然史系博物館の展示室で動物の剥製を目の前にした子どもから，このようなセリフを何度も聞いたことがある。生物の剥製や骨格標本，液浸標本は，人によっては「死体」感が強く，とくに剥製を初めて目にしたり，感受性が豊かな子どもたちから,「怖い」「かわいそう」といった感情をもたれがちである。

学芸員は，このように，背景に「命」がある標本を扱うことに対して，常に倫理や配慮を欠かさないようにしなければならない。この本をここまで読んできた皆さんには，標本はむやみに命を奪われたわけではなく,「その時そこに生きていた証」や研究資料として保管される，非常に意義深い存在であることは理解していただけると思う。また，実物を展示することによる教育的効果が高いのもいうまでもない。動物の剥製などの標本に対する一般来館者からの素直な感情や疑問に，学芸員はいつでも答えられるようにしておき，また，場合によっては先回りをして，解説パネルなどを工夫する必要がある。

博物館で展示される動物の剥製

これは，動物だけではなく，植物にもいえることである。たとえば，樹木を企画展示のなかで生体展示することになった場合，展示が終わったあとにその命ある生体をどうするか，よく考えておかなければならない。標本にする，敷地内に植える，譲渡するなど，さまざまな手段が考えられるが，使い捨てにするのではなく，最後まで命を大切に扱う，という姿勢が重要である。　［鵜沢美穂子］

展示されたサクラの生体　企画展示後に，博物館の野外施設に植栽された。

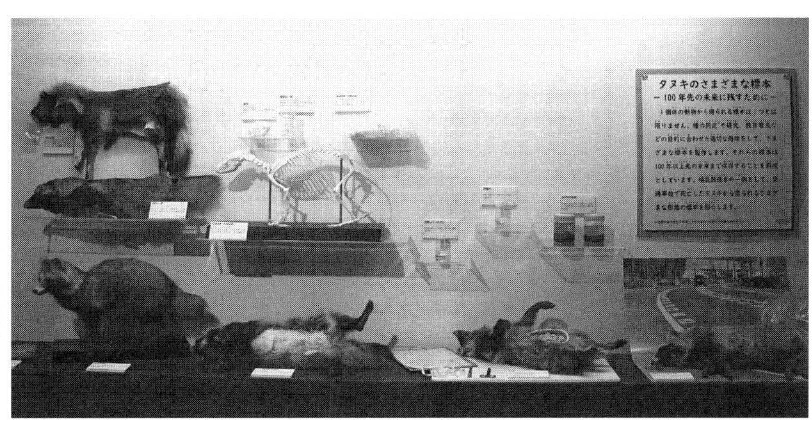

背景に「命」がある標本の例　交通事故で死んだ1頭のタヌキからさまざまな標本が得られ，研究に用いられることを示した展示。

デジタル遺産の保護に関する憲章

Charter on the Preservation of the Digital Heritage UNESCO（2003）

（第32回ユネスコ総会〈仮訳〉）

総会は，どのような形態であれ遺産の消失は，すべての国にとり財産の損失となることを考慮し，

ユネスコは，その憲章によって世界の財産である書籍，芸術作品，歴史的・学術的建造物の保存と保護の確証により，知識を保持，増強，普及する旨を規定しており，また，ユネスコの「みんなのための情報（IFA）計画」では，情報政策及び記録された知識の保護に関する討議と行動の場(プラットフォーム)を提示すること，さらに，ユネスコ「メモリー・オブ・ザ・ワールド（世界の記憶）」事業では世界各地の文書遺産の保存及び普遍的アクセスの確保を目的としていることを想起し，

上述の情報源及び創造的表現は，一段とデジタルの形式によって作成，配布，入手，保持されるようになり，新たな遺物―「デジタル遺産」―を創出することを認識し，

当該遺産の入手は，すべての民族が互いに，知識を創造，伝達，共有する機会を拡大させることを認知し，

デジタル遺産は損失の危機にさらされていること，また，現在及び次世代に寄与するためにそれを保存することは，世界的関心事であり差し迫る問題であることを認識し，

以下の諸原則を宣言し，本憲章を採択する。

共通の遺産としてのデジタル遺産

第1条　範囲

デジタル遺産は，人類が有する特有な知識と表現から成る。デジタル遺産は，文化，教育，学術，行政に関する情報にだけでなく，技術，法律，医学の分野などでデジタル形式により作成された様々の情報，又は既存のアナログよりデジタル方式に転換されたものを包含する。デジタルとして誕生した資源は，デジタルとしての客体以外の様式は存在しない。

デジタル資料は，広範囲の様式に及びさらに拡大するが，本文(テキスト)，データベース，静止・動画像，音声，グラフィックス，ソフトウェア，ウェブページ等を含む。それらは往々にして短命であり，維持するためには作為的な製造，保持，及び管理が求められる。

これらの多くの資源は，永続的価値や重要性を有し，現在及び次世代のために保護・保存されるべき遺産を成す。拡張し続ける当該遺産は，世界各地で，あらゆる言語にて存在し得るものであり，人類の知識や表現のすべての領域に及ぶものである。

第2条　デジタル憲章への機会の確保（アクセス）

デジタル遺産の保存目的は，公衆がそれを継続的に入手できるよう確証することにある。従って，特に公的領域のデジタル遺産の資料は，不当な規制を受けるべきでない。一方，機密扱いの個人情報は，いかなる侵入からも保護されるべきである。

加盟各国は，デジタル遺産へのアクセスを最大化させる法的及び実体的な環境整備の奨励のため，関係諸機関と連携することが望まれる。創作者やその他の権利所有者の合法的権利，及び，公衆によるデジタル遺産資料へのアクセスとの間には，国際的規範や合意に基づく公正な均衡が再確認，促進される必要がある。

遺産損失の回避

第3条　消失の脅威

世界各地のデジタル遺産は，後世に受け継がれることなく消失してしまうという危機にさらされている。助長要因として，デジタル遺産を作り出すハードウェアやソフトウェアの急速な入れ替わり，又，保持と保存にあたる財源・責任所在・方法の不明瞭さ，さらに，それらを支える条例の欠如が挙げられる。

行動に関する変化は，技術変革に遅れを取っている。各国政府や諸機関が迅速で事実に基づく保存措置を講じるには，デジタルの進展はあまりにも急速でありコストが嵩む。当該遺産の経済，社会，知識，文化的な可能性―将来を形作るもの―への脅威に対する問題認識が未だ十分に持たれていない。

第4条　行動の必要性

迫り来る脅威が認識されない限り，デジタル遺産の損失は急速に広がり，必然的なものとなるであろう。加盟各国は，当該遺産の保護のため，法的，経済的，技術的措置を奨励することにより，益を受けることができる。デジタル媒体の可能性と保存の具体策に関して，政策決定者を警告し，公衆の問題意識を高める啓発運動や政策提言は喫緊である。

第5条　デジタルの継続性

デジタル遺産の継続性は，重要事項である。デジタル遺産の保存には，デジタル情報の存在サイクル―誕生から入手まで―の全段階において対策が講じられる必要がある。デジタル遺産の長期的保存は，正真で安定したデジタル客体を生産する信頼のおける制度や手続きを構築することから始まる。

求められる施策

第6条　戦略及び政策の策定

デジタル遺産の保存に関する戦略や政策は，事態の緊急性，各地域における状況，入手可能な手段及び将来の予測を考慮した上で策定される必要がある。その際，著作権及び著作隣接権者，並びにその他の利害関係者による共通の基準や両立性の設定や資材共有に関する協力は役立つであろう。

第7条　保存対象の選択

他のすべての文書遺産と同様，どのデジタル遺産を保存すべきという主な判断基準は，それらの重要性，及び，文化・学術・証拠等としての永続的価値であろうが，各国における選定の原則は異なる可能性がある。「デジタルとして誕生した」素材は，明らかに優先的に扱われるべきである。選定の判断及び事後評価は，説明責任を問われる方法で実施され，かつ，明確な原則，政策，手続き，基準に則り行われるべきである。

第8条　デジタル遺産の保護

加盟各国は，自国が有するデジタル遺産の保護の確証のため，適切な法的及び制度的枠組みを必要とする。

各国内の保存政策の重要な要素として，古文書（公文書）法令及び図書館，公文書館，博物館やその他の公的保存機関において，法的又は自主的に保管される物には，デジタル遺産が含まれるべきである。

法的に保管されるデジタル遺産資料への入手機会は，合理的な規制の範囲で，通常の活用の妨げとならないように確保されるべきである。

真正性のための法的・技術的な枠組みは，デジタル遺産の操作や意図的改造を阻止するために不可欠である。そのためには，ファイルや資料の内容及び機能性が，正真の記録を守れるような形で保持されることが求められる。

第9条　文化遺産の保存

デジタル遺産は，生得的に，時間，地理的空間，文化や様式の制限を受けない。ある文化に特定されるものではあるが，世界中の誰もが入手できる可能性を秘めている。少数民族が多数者に対して，また個人が世界中の聴衆を相手に発言することが可能である。

すべての民族，国家，文化や言語の存在を長期的に確証するためには，すべての地域・国家，地域社会におけるデジタル遺産は保存され，入手可能となるべきである。

責　務

第10条　役割及び責任

加盟各国は，デジタル遺産保存に関して調整的役割を担う機関を1つまたは複数指定し，必要資源を確保することが望まれる。任務と責任の分担は，既存の役割や専門性に基づくことになるであろう。

以下のための対策が講じられるべきである。

(a) デジタル遺産に係るハードウェア・ソフトウェア開発業者，創造者，出版社，製作者，配給者，及び，その他の民間セクター提携者に対して，国立図書館，公文書館，博物館などの公的な遺産機関とデジタル遺産の保存に関する協力を結ぶことを促す。

(b) 関係機関や専門的協会間で，研修や研究開発を行い，知識や経験を共有する。

(c) 公私を問わず，大学及びその他の研究機関に対し研究データの保存を確証するよう奨励する。

第11条　連携と協力

デジタル遺産の保存には，各国政府，創造者，出版社，関連産業界や遺産機関による継続的な取り組みが求められる。

現在の情報格差（デジタル・ディバイド）の下では，すべての国がデジタル遺産の創造，分配，保存，及び入手可能性を継続的に確保できるように，国際協力と連帯を強化することが必要である。

各産業界，出版社，大衆伝達メディアには，知識や技術的専門性を共有することが要請される。

教育・研修プログラム及び資材の共有機構の活性化，並びに，研究結果や最善例の普及は，デジタル保存の技術への機会の確保を民主的なものとするであろう。

第12条　ユネスコの役割

ユネスコは，その付託任務と機能目的により，以下の義務を負う。

(a) 本憲章に規定されている諸原則を自らの事業において考慮し，国連システム内，デジタル遺産の保存に関係する政府間機関及び国際的NGOにより，本憲章が実行されることを促進し，

(b) 加盟各国，政府間機関，国際的NGO，市民社会，民間部門が集い，デジタル遺産の保存のための諸目的，政策，事業等を形作って行く場，又，その際の参考情報源として仕え，

(c) デジタル遺産の保存実現の目的のため，協力，意識向上，能力開発を進め，基本となる倫理的，法的，技術的指針を提案し，

(d) 今後6年間にわたり，本憲章及び諸指針を実施する中で得られた経験に基づいて，デジタル遺産の保存と促進の目的のために，さらなる基準設定文書が必要かどうか決定する。

デジタルアーカイブ憲章

（2023年6月6日デジタルアーカイブ学会）

デジタルアーカイブとは，人びとのさまざまな情報資産をデジタル媒体で保存し，共有し，活用する仕組みの総体を指します。本憲章は，デジタルアーカイブが社会にもたらしつつある変革が何を可能にするのか，またそのリスクはどこにあるのかを認識し，21世紀のデジタルアーカイブが目指すべき理想の姿を提示した上で，その価値の浸透や実現に向けてわたしたちデジタルアーカイブ関係者が行うべきことを宣言するものです。

【前文】

(背景)

いま，わたしたちはまさに人類の転換点にいます。かつては権威的立場からのみ発信され，そこに集約されがちであった知識や情報が，いまでは誰もが創造し発信でき，かつ，多方面のルートから受信し，蓄積し，活用できるようになりました。ひとりひとりは地域性・分野性に特化しつつ，ネットワークを通じて世界市民ともいえる立場にすら立てるようになりました。モノや情報を大量に消費する社会から，環境にやさしい循環型社会に移行し，デジタル技術を用いた情報資産の利用と再生産が促されることで，蓄積された歴史的記録も，これまでにない広がりと深さで活用できるようになりました。

こうした変化が幸福をもたらすかどうかは，わたしたちのこれからの行動にかかっています。

（公共的知識基盤の必要性）

わたしたちの生活は，長い歴史を通じ，過去の叡智や文化，情報を公共的知識として共有し，活用することで，進歩発展してきました。市民生活を豊かにする公共的知識基盤には，信頼性があり，知識や情報が構造化・体系化されており，ユニバーサル化により言語的・社会的障壁がなく，ネットワーク化により恒常的に効率よくアクセスできる仕組みが必要です。デジタルアーカイブは，情報技術の革新を取り込み，情報の提供者と活用者の双方向性を担保し，あらゆる情報資産を扱えることで，普遍的な公共的知識基盤として必要な仕組みを備えており，多様性のある市民生活を多面的かつ持続的に支えることができます。

（社会にとっての記憶する権利）

そしてわたしたちは，そうした情報資産を得て活用することにより，仕事，趣味など日々の生活をより豊かにすることができます。こうした市民生活を支える公共的知識基盤を構築するには，デジタルアーカイブの技術要素に加えて，そもそも，過去及び現在の知識や情報を記録し，社会に遺し，未来に継承する仕組みが整っていなければなりません。プライバシーや知的財産権についても真摯な議論をしながら，一人ひとりの市民から地域社会，諸々の公的組織，国家までの記憶を社会の記憶として蓄積することができなければなりません。それはすなわち，社会にとっての“記憶する権利”，アーカイブ権ともいえるでしょう。蓄積される情報資産は公共財であり，この権利によって，公共財としてのデジタル知識基盤の構築と人びとへの適切な還元が保障されることになると考えます。

【デジタルアーカイブの目的】

わたしたちは，デジタルアーカイブが，人びとの豊かな暮らしの実現と社会的課題の解決に資する公共的知識基盤として，次の役割を果たすことを目指します。

1 活動の基盤：豊富で多様な情報資産を永く保存し，情報資産の生産・活用・再生産の循環を促すことで，知の民主化をはかり，現在及び将来にわたり人びとのあらゆる活動の基盤となります。
2 アクセス保障：個人の身体的，地理的，時間的，経済的などの事情から発生するあらゆる情報格差を是正し，いつでも，どこからでも，誰でも平等に，情報資産にアクセスできるようにします。
3 文化：あらゆる人類の営みと世界の記録・記憶を知る機会を提供することで，多様な文化や歴史的事実の理解を助け，新たな創作活動の促進により文化の発展に寄与し，コミュニティを活性化させ，人びとの生活の質を向上させます。
4 学習：多様な関心に応える学習者中心の学びの基盤を構築し，学習の質を高めると共に，人びとの情報リテラシーを向上させ，歴史的・国際的な視点を育みます。
5 経済活動：産業活動において多様な情報資産の保存と活用を可能とし，環境に配慮した産業技術の進展を可能とし，時間・場所の制約がなく業務に最適化した新しい労働環境を構築します。
6 研究開発：分野横断的な研究データの共有と活用の基盤構築を通じて，オープンサイエンスの実現に貢献し，人類や地球のための研究と開発を促進します。
7 防災：過去の災害と復興の記録・記憶を将来に向けての教訓として活かし，防災・減災に寄与します。
8 国際化：情報資産が国境を超えて流通・活用されることで，国際的な相互理解と文化交流の端緒を開くと共に，観光誘致や国際経済活動への貢献を行います。

【行動指針】

わたしたちは，デジタルアーカイブの目的を実現できるよう，次の行動を行います。

（オープンな参加）

▶デジタルアーカイブが扱う情報資産の収集・保存・公開・活用等の全ての計画・実施局面において，その提供者と活用者を含む幅広い主体の声を聞き，主体的な参加を促します。
▶誰もが豊かな情報資産にアクセスし，活用して多様な価値を生み出せる体験と創造のプロセスを実現するため，可能な限り情報資産をオンラインで公開し，再利用可能な利用条件を設定し，相互利用しやすい技術を用います。

（社会制度の整備）

▶公共的知識基盤としてのデジタルアーカイブが有効かつ持続的に構築・維持できるよう，方針・計画の策定や見直しを相互に支援するほか，必要かつ適正な法整備と，財政的な措置が時宜を得てなされるよう働きかけます。
▶著作権のほか，肖像権，パブリシティ権，プライバシー権等の諸権利の適正な保護と，公開・利用のバランスを実現します。

（信頼性の確保）

▶情報資産に含まれるデータの信頼性を担保するため，データの由来や改変の履歴が把握できるよう，トレーサビリティの仕組みやメタデータの充実などを促します。

（体系性の確保）

▶国際的なデータ共有の基準であるFAIR（Findable, Accessible, Interoperable, Reusable）原則を念頭に，収集した情報資産を構造化・体系化し，誰でも利用しやすい形に整理して提供します。
▶アーカイブ機関が保有する情報資産に限らず，大学・研究機関，メディア，民間事業者又は個人が保有する情報資産についても，可能な限り収集・保存し，構造化・体系化して公開します。

（恒常性の保障）

▶多様性のある情報・知識をデジタル形式で収集し，情報資産として可能な限り恒常的な保存とアクセスを保障します。
▶デジタル資源の長期保存・アクセス保障のためのコミュニティ基盤を構築します。

（ユニバーサル化）

▶多言語による情報の発信や国際的な標準への対応を図り，グローバルに提供・活用できる情報資産を発信します。
▶心身の機能に不自由のある人々や高齢者など，様々なアクセス障壁のある人びとによる情報資産の更なる活用を促し，デジタル技術を用いて誰もが便利に享受できるようにします。

（ネットワーク構築）

▶地域の個性と，各分野が有する専門性を相互に容易にやり取りできるよう，情報資産の横断的・国際的なネットワーク構築を図ります。

▶未来に受け継がれるべきデジタルアーカイブの連携を促進するため，地域・分野・官民のセクターごとの取組を横断的につなげる拠点を創ります。

（活用促進）

▶保存された情報資産を社会課題解決や技術革新に利用できるよう，研究者，エンジニア，企業等に対し，必要な情報を分かりやすく提供し，人と情報資産を結びつけます。

▶学校教育やより幅広い生涯学習全般において，デジタルアーカイブの情報資産を率先して活用するとともに，それら活動の取組を支援します。

▶情報資産の提供者と活用者の両面における情報リテラシーの向上を図るため，あらゆる年代でデジタルアーカイブを用いた学習機会を増やします。

（人材養成）

▶デジタルアーカイブの企画・構築，維持・管理，活用に関わる技術や情報，法制度，倫理等を学習する場を設け，デジタルアーカイブに関わる多様な見識を有する人材を創出します。

▶分野・地域・業種を超えた人材の交流を生み出し，知識の創発を促すとともに，適材適所で人材が活躍できる環境を構築します。

【確認・更新】

3年に一度，本憲章を見直すとともに，時宜に適った政策提言を作成し，公開します。

「デジタル遺産の保護に関する憲章」と「デジタルアーカイブ憲章」の類似点と相違点

UNESCO「デジタル遺産の保護に関する憲章」（2003年）とデジタルアーカイブ学会「デジタルアーカイブ憲章」（2023年）には，デジタル情報の保存と次世代への継承を重視する共通点があり，社会全体の文化・知識の財産が失われることなく活用されつづけることをめざしている。UNESCOの憲章（以下，前者）では，公衆が公平にデジタル遺産にアクセスできるよう「不当な規制の排除」，デジタルアーカイブ学会の憲章（以下，後者）も身体的・経済的・地理的障壁を越えて誰もが平等にアクセスできる「情報格差の是正」を強調している。その一方で，前者では「デジタルとして誕生した」情報の保存を優先し推奨しているが，後者では情報資産の再生産や循環にも注目し，保存した情報を教育や社会課題の解決に活用することを推奨している。また，前者が政府や公的機関の責任を重視する一方で，後者は「オープンな参加」を提唱し，個人や民間企業の積極的な参加を促している。こうしたアプローチにより，より広範な主体がアーカイブ活動にかかわり多様な価値の創出が可能になる。さらに，後者が学校教育や生涯学習を通じたデジタルリテラシーの向上を強調しているのに対し，前者は保存技術の共有や専門人材の訓練に重点をおいている。ここからみると，教育を通じて情報資産を最大限に活用するという現代的な視点が，後者には強く表れている。いずれにしても，博物館情報のデジタル化推進計画を策定する際には，2つの憲章の精神を理解し，それを自館にどう援用していくか考慮していくべきであろう。

デジタル形式を含む記録遺産の保護及びアクセスに関する勧告

Recommendation concerning the Preservation of, and Access to, Documentary Heritage including in Digital Form UNESCO（2015）

（2015年11月17日　第38回ユネスコ総会採択〈仮訳〉）

序

国際連合教育科学文化機関（以下「ユネスコ」という。）の総会は，

2015年11月3日から18日までパリにおいてその第38回会期として会合し，

アナログ及びデジタルの全ての形式で時間及び空間を通じて長期的に作成され，及び保存された文書が，人類の文明及びその更なる発展のあらゆる分野に影響を与えつつ，知識の創造及び表現の主要な手段となることを考慮し，

また，記録遺産が，人間の思考及び出来事の展開，言語，文化及び人々の進化並びに人々による世界の理解の進化を記録することを考慮し，

平和を促進し，並びに自由，民主主義，人権及び尊厳を尊重するため，より深い理解及び対話のための知識の共有を促進するための記録遺産の重要性を強調し，

記録遺産の進化が，異文化の教育，個人の向上並びに科学的及び技術的進歩を可能とし，並びに発展のための重要な資源であることに留意し，

同時に，記録遺産の保護及び記録遺産への長期間のアクセスの可能性が，人権と同様に，意見，表現及び情報の基本的自由を支持するものであることを考慮し，

また，記録遺産への普遍的なアクセスが，権利者の正当な利益並びに保存及びアクセスの可能性に係る公共の利益の双方を尊重しなければならないことを考慮し，

記録遺産の形式で存続する歴史及び文化の側面には，容易にアクセスすることができない可能性があることを認識し，

また，時間と共に記録遺産の相当の部分が自然及び人的災害によって消失したことまたは急速な技術の変化によりアクセスすることができなくなっていることを認識し，並びに法令の欠如により記憶機関が記録遺産の不可逆的な損失及び衰退に対応することが阻害されることを強調し，

ユネスコは，この課題に対応するため，世界の記録遺産に対する意識及び保護を向上させ，並びに普遍的かつ永続的なアクセスの可能性を提供するために，1992年に世界の記憶事業を設

立したことを想起し，

技術の急速な進化並びにデジタル遺産（マルチメディア作品，双方向のハイパーメディア，オンライン対話並びに複合システム，モバイルコンテンツ及び将来新たに出現する形式からの動的データ・オブジェクトのような複雑なものを含む。）の対象を保存するための様式及び手続を作成するための課題を考慮し，

また，付表に記載する国際的な基準を設定する文書並びに他の関連する条約及び声明を考慮し，

国家，社会及び個人が，記録遺産の価値の保護及び保存並びにアクセスの可能性及び拡充のために適当な措置をとることの必要性に留意し，

第37回会期において，この問題が加盟国への勧告の主題であるべきであると決定しており，

2015年11月17日にこの勧告を採択する。

定　義

この勧告において，「文書」とは，アナログまたはデジタルの情報コンテンツ及びこれらのコンテンツが存在する媒体を含むものをいう。文書は，保存し，及び通常移動することができる。コンテンツは，複写し，または移行することができる記号または符号（例えば，テキストのようなもの），イメージ（静的または動的なもの）及び音から成り得る。媒体は，重要な美的，文化的または技術的な性質を有する可能性を有する。コンテンツと媒体との関係は，間接的なものから不可欠なものまでとなり得る。

「記録遺産」とは，地域社会，文化，国または人類一般にとって相当及び永続的な価値を有し，その劣化または損失が有害な衰退となり得るような単体の文書または文書群を含む。記録遺産の重要性は，時の経過によってのみ明らかとなり得る。世界の記録遺産は，世界的に重要であり，全ての人々が責任を負うものであり，文化的な道徳的習慣及び実情についての相応の敬意及び認識をもって，全ての人々のために十分に保存され，及び保護されるべきである。記録遺産は，全ての人々が支障なく永続的にアクセスし，及び再利用することができるべきである。記録遺産は，社会的，政治的，集団的及び個人的な歴史を理解するための手段を提供する。記録遺産は，良い統治及び持続可能な開発を支持することを支援することができる。国家にとって，記録遺産は，自国の記憶及び個性を示し，ひいては，国際社会における自国の位置を決定することに貢献する。

「記憶機関」は，文書館，図書館，博物館並びに他の教育的な，文化的な及び研究のための機関を含み得るが，これらに限定されるものではない。

1　記録遺産の特定

1.1　加盟国は，自国の記憶機関が，自国の領域における記録遺産に関する国際的に確立され，及び定められた基準を指針とし，研究及び協議により，選定，収集及び保存に関する方針を確立するに当たり，記憶機関を支援することが奨励される。文書，文書群及び収集品は，長期にわたる保存及びアクセスの可能性を確保し，開示の手段（カタログ化またはメタデータを含む。）を指定するよう管理されるべきである。

1.2　記録遺産の選定，取得及び除外のための政策，仕組み及び基準は，市民社会と連携し，主要な文書に加え，文脈上の資料（ソーシャルメディアを含む。）も考慮し，記憶機関が策定すべきである。選定の基準は，無差別及び明確に定義されなければならない。選定は，また，知識の分野，芸術的表現及び歴史的年代に関して，中立的で均衡がとれたものでなければならない。本質的に一時的な性質であるため，デジタル文書の保存に関する決定は，作成されるときまたはその前に行われることが必要とされることがある。

1.3　加盟国は，存続が潜在的または切迫した危機にさらされている個別の記録遺産を特定し，及び適切な保存のための措置をとることが可能な権限のある機関の注意を促すことが奨励される。加盟国は，関連する記憶機関を支援し，及び強化し，現実的かつ適切な場合には，公共の利益のために自らの記録遺産を管理するよう研究機関及び個人所有者に奨励すべきである。同様に，公的及び私的機関は，自己が作成する文書について専門的な管理を行うことを確保すべきである。

1.4　加盟国は，意識を高める手段として，国内の，地域のまたは国際的な世界の記憶登録簿において，重要な記録遺産を特定し，及び当該記憶登録簿への申請を行うことを奨励すべきである。

1.5　加盟国は，記録遺産の特定，保存及びアクセスを確保するため，適当な場合には，訓練及び能力の開発のための計画を立案することが求められる。

2　記録遺産の保存

2.1　記録遺産の保存は，記録物及びこれに含まれる情報の保存を目的とする包括的な技術，処理及び手続並びに予防及び修復のためのあらゆる性質の技術を意味する。

2.2　保存は，アナログ及びデジタルの双方の対象の管理を必要とする進行中の過程であり，学識，技術及び科学によって改善することができる。アナログ媒体は，真正な原本，芸術品または情報を担う媒体として継続的な価値のあるものとして保持されるべきである。デジタル文書の場合には，今後の管理を最適化し，経費を最小限にし，及び関連するリスクに適切に対応するため，作成及び取得の時点より前に行動し，及び働きかけることが望ましい。政府，記憶機関及び民間部門間の協力は，一層奨励されるべきである。

2.3　保存措置を追求するに当たっては，完全性，真正性及び信頼性を基本原則とすべきである。具体的な措置及び行動は，国際法制並びに記憶機関が作成し，または支持する勧告，指針，最良の慣行及び基準に従うべきである。世界の記憶事業は，基準を促進し，及び最良の慣行を共有するための土台を提供すべきである。

2.4　加盟国は，保存の主要な要素として，意識を向上させ，かつ，能力を強化させる措置及び政策（研究の推進並びに記録遺産の専門家の訓練及びそのための施設の提供を含む。）をとることが奨励される。これらの措置及び政策は，関連する学問，科学，技術及び工学における学芸員の最良の慣行，現在及び新興の技術，法医学の技術並びに中核的な技術を包含すべきであり，これにより常に変化する環境において，時宜を得た保存行動の緊急性への意識を高める。

2.5　記録遺産のある部分について合法的と考えられるアクセ

スの規制の存在により，記憶機関が保存活動を行うための能力が阻止され，または限定されるべきでない。加盟国は，この勧告の実施及び関連の国内法令の改定により，これに配慮することが求められる。

2.6　自国の記憶機関が他国に由来し，または関連する収集品を保有する加盟国は，当事者との間でデジタル・プログラム及び当該遺産の複製を共有することが奨励される。

2.7　加盟国は，記憶機関全般について最良の慣行及び保存基準（文書の劣化及び盗難のような危機に対する管理並びに適切な技術基盤に対する投資を含む。）の一貫性を奨励すべきである。これには，既存の役割，強み及び責任に基づく記憶機関の間の全国的な連携及び業務の共有を含むことができる。

2.8　加盟国は，記憶機関が保存のための国際的な基準の策定に参画することを支援するよう奨励される。加盟国は，さらに，記憶機関が，自己の技術的知識を強化し，及び共有し，並びに進行中の国際基準の策定に貢献するため，適当な職業団体と連携することを奨励するよう求められる。

2.9　加盟国は，デジタル保存のための学術課程の策定，世界の記憶事業の一層効果的な実施のための国内の，地域の及び国際的な段階におけるネットワーク形成活動並びに最良の慣行の模範に基づくユネスコ加盟国間における経験の交換の推進を支援することが奨励される。

3　記録遺産へのアクセス

3.1　加盟国は，選定された資料の範囲及びその保存方法についての公衆の信頼を維持するため，記憶機関のための適切な法的枠組みを提供し，並びに記録遺産の保存及びアクセスの提供のために必要な記憶機関の独立性を確保することが奨励される。アクセスの提供は，保存に関する公共の支出の明らかな証拠及び理由である。

3.2　加盟国は，国際的な基準及び最良の慣行に従い，正確なかつ最新の目録及び検索手段，研究のために必要な場合には原本への公平な個人対個人のアクセス・サービス，インターネット及びウェブ基盤の出版物及びポータル並びに電子的な及びデジタル化されたコンテンツを提供するために記憶機関を強化することにより，記録遺産への最大限の包括的なアクセス及び記録遺産の利用を推進し，及び円滑化するよう求められる。

3.3　記録遺産へのアクセスを提供するための手段は，情報通信技術の発達並びに記憶機関及びこれらが連携する機関における世界的ネットワークの発展により拡大している。加盟国は，広報計画(展示，巡回発表，ラジオ及びテレビの番組，出版物，消費財，オンライン・ストリーミング，ソーシャルメディア，講義，教育計画，特別な催し並びにダウンロードのためのコンテンツのデジタル化を含む。）の策定を奨励し，及び支援すべきである。

3.4　記録遺産へのアクセス事業については，官民を含む連携によって促進することができる。加盟国は，このような取決めが責任を有し，及び公平なものである場合には，当該取決めを奨励することが求められる。

3.5　プライバシー，人間の安全，治安，秘密の保持または他の正当な理由のために記録遺産へのアクセスの制限が必要な場合には，当該制限は，明確に定められ，及び示されるべきであり，並びに限定された期間であるべきである。当該制限は，決定に対する不服申立ての仕組みを含む適当な国内法令または規則によって支持されるべきである。

3.6　加盟国は，記録遺産のアクセスに影響するような法令を改正し，または新たな法令を制定する場合には，権利者の正当な利益を尊重しつつ，アクセスを最大化する必要性を考慮すべきである。加盟国は，歴史的な記録遺産を共有してきた国に対してこの公共のアクセスを拡大することが奨励される。

3.7　加盟国は，現時点で主要な要素の一つであるアクセスのためのコンテンツのデジタル化のための投資を得て，適当な場合には，世界の記憶事業の広報活動及び出版物を通じ，記録遺産の認知及びアクセスの可能性を高めることが求められる。加盟国は，公的なドメイン・アクセスを支援し，及び推進し，並びに可能な限り，公的なライセンス供与及びオープン・アクセス・ソリューションの利用を奨励すべきである。

4　政策措置

4.1　加盟国は，自国の記録遺産を極めて重要な資産として考慮し，並びにその考慮を国内法令，開発政策及び課題に適用することが求められる。加盟国は，さらに，アナログ形式，デジタル基盤，デジタル技能等の種々の原本の保存に係る新たな投資のための長期的な必要性を認識し，及び記憶機関に十分に資金を供与することが奨励される。

4.2　同時に，加盟国は，国内の遺産政策の文脈において，基盤の実行可能性を超え，記憶機関の必要性について世界的な視野を有すること並びに共用の施設，手続及びサービスの立上げにおいてその他機関との合理的な連携及び費用分担を行うことが奨励される。

4.3　価値のある収集品を保有する民間機関，地方機関及び個人については，公的に奨励し，及び支援すること並びに国内の要覧において十分に視認することができることを必要とする。

4.4　加盟国は，記録遺産についての教育及び研究の新たな形式及びツールを開発するよう奨励することにより，記録遺産へのアクセスを改善し，及び記録遺産の公の領域における存在を改善すべきである。

4.5　加盟国は，法令及び政策により，一般参加型の方法で，出資者，財団及び他の外部関係者に記憶機関を支援するよう奨励措置を与える安定した環境を整備し，それらの機関と共に公共の利益のための記録遺産の保存，アクセスの可能性及び利用に投資するよう奨励される。

4.6　加盟国は，著作権に関する規範及び法定納入制度が，全ての形式における記録遺産の保存及びアクセスのために十分に実効的なもの（制約及び例外を含む。）であることを確保するため，定期的に見直すことが奨励される。実効性は，また，加盟国間における法令の強化及び調和並びに政策の調整から利益を得る。

4.7　加盟国は，記録遺産の保存及びアクセスに当たり，著作権の例外が適用されないソフトウェアまたは他の著作権を所有する技術の使用を必要とする場合には，非営利で，著作権に関する規範，必要な手段及び制限されていない技術へのアクセスを促進することが求められる。

4.8　加盟国は，データの最適な交換を促進するため，デジタル形式の記録遺産を管理するため国際的に認知されたオープン・ソース・ソフトウェア及び標準化されたインターフェイスの開発及び使用を奨励し，並びに著作権を所有する技術からデータ及びコンテンツを抽出する際は，ソフトウェア及びハードウェアの開発者の協力を求めるべきである。同様に，加盟国の記憶機関は，目録を作成する方法及び基準の国際標準化及び互換性を目指すべきである。

4.9 加盟国は，記録遺産に影響する政策及び自発的活動（世界の記憶の登録簿に記載された記録遺産の状態の監視を含む。）を支援し，及び策定することが求められる。

4.10 加盟国は，活動の更なる整合性を確保するため，世界の記憶事業とその他の遺産事業との間で相乗効果をもたらすよう貢献することが奨励される。

5　国内的及び国際的な協力

5.1 加盟国は，国内的及び国際的な協力及び交流を強化する必要性を考慮し，特に研究を支援するための人的及び物的な資源を共同で管理すること並びに記録遺産の保護及び保存を支援することにより，研究データ，出版物及び情報の交換並びに専門的な人員及び装備の訓練及び交換を支援すべきである。加盟国は，目録化，危機管理，危険にさらされている記録遺産の特定及び最新の研究等の特定の主題についての会合，教育講座及び作業部会の開催を推進すべきである。

5.2 加盟国は，二国間または多数国間の研究計画，指針，政策及び最良の実例の模範を実施するため，記録遺産の保存及びアクセスに関連する国際的及び地域的な専門団体，機関及び組織との協力を奨励すべきである。

5.3 加盟国は，特に共有され絡みあった歴史的な性質により，または適当な場合には他国における保存作業の対象となっている分散された原本を再構成する枠組みにおいて，自国の文化または共有された歴史若しくは遺産に関連する記録遺産及び他の特定された記録遺産の写しの各国間の交換を促進することが求められる。写しの交換は，原本の所有権にいかなる影響も及ぼすものではない。

5.4 加盟国は，記録遺産があらゆる人的及び自然の危険（武力紛争から派生する危険を含む。）にさらされていることから当該記録遺産を保護するため，全力を尽くして全ての適当な措置をとるべきである。加盟国は，同様に，記録遺産が自国の領域で発見されたかまたは他国の領域で発見されたかを問わず，記録遺産を損なわせ，その価値を減退させ，またはその普及及び利用を妨げるような行動を慎むべきである。

5.5 加盟国は，その他の加盟国の要請に従い，デジタル化またはその他の手段により，危険にさらされている記録遺産を保護するための国際的な協力に従事するよう奨励される。

5.6 加盟国は，適当と認める場合には，国内に世界の記憶委員会及び登録簿を創設することにより，自国の記憶機関を通じて世界の記憶事業との協力を強化することが求められる。

総会は，加盟国が，法令上の若しくは政策的な措置または必要な場合にはその他の措置をとることにより，自国の領域内において，自国の憲法上の慣行に従い，勧告に記載されている原則，措置及び規範を実効的なものとするよう，記録遺産の保存及びアクセスに関する前記の規定を適用すべきであることを勧告する。

総会は，各加盟国がこの勧告を適当な機関及び団体に通報すべきであることを勧告する。

総会は，加盟国がこの勧告を実施するためにとった措置について，総会が定める期限までに，総会が定める方法で，総会に対して報告すべきであることを勧告する。

付表

記録遺産の保護の要素を含む国際文書

Ⅰ　ユネスコの条約及び勧告

武力紛争の際の文化財の保護に関する条約（1954）
文化財の不法な輸入，輸出及び所有権移転を禁止し及び防止する手段に関する条約（1970）
世界の文化遺産及び自然遺産の保護に関する条約（1972）
無形文化遺産の保護に関する条約（2003）
文化的表現の多様性の保護及び促進に関する条約（2005）
動的映像の保護及び保存に関する勧告（1980）
多言語主義の促進及び使用並びにサイバースペースへの普遍的アクセスに関する勧告（2003）
デジタル遺産の保存に関する憲章（2003）

Ⅱ　宣言及びその他の文書

国際公文書館会議（ICA）によって承認され，第36回ユネスコ総会（2011）で支持された世界アーカイブズ宣言（2010）
ワルシャワ宣言「文化，記憶，同一性」（2011）
ユネスコ「万人のための情報」計画によって組織された「情報社会におけるデジタル情報（問題及び展望）」に関する国際会議で採択されたデジタル情報保護に関するモスクワ宣言（2011）
ユネスコ・ブリティッシュコロンビア大学バンクーバー宣言「デジタル時代における世界の記憶（デジタル化及び保存）」（2012）
図書館及び知的自由に関する国際図書館連盟（IFLA）声明（1999）
先住民族の文化及び知的財産権に関する1993年マタアツア宣言
先住民族の権利に関する2007年国際連合宣言

Ⅲ　国際的な条約

文学的及び美術的著作物の保護に関するベルヌ条約（最新の改正は1979）
万国著作権条約（1952）
実演家，レコード製作者及び放送機関の保護に関する国際条約（1961）

索　引

あ行

愛知県商品陳列館　115
A・MUSEUM　134
IPM（総合有害生物管理）　92, 96
アマチュア　78
アロイス・リーグル　120
アンリ・グレゴワール　108
ICOM（国際博物館会議）　8, 33, 65, 71, 86
移動博物館　138
インタラクティブ（双方向・対話型）　21
運営マニュアル　57
ウンダーカンマー　83
AR（拡張現実）　21
液浸標本　90
エコール・ポリテクニーク　108
SNS（ソーシャルネットワークサービス）　19, 76
エタノール　97
LED　98
鉛筆　10
オスカー・フォン・ミラー　110
オープン化　100
オープンサイエンス　68, 103
温度　94

か行

外部資金　76
科学技術館　112, 117
科学産業都市　口絵Ⅵ, 19, 112
学芸系職員　135
学芸部門　70
学術的価値　119
可視化技術　63
加湿器　97
化石　30, 38, 89, 95
価値基準　119
価値の転換　120
学会　79
カビ　96
勧業博覧会　113
観察　35
感受性　147
鑑賞的価値　119
乾燥標本　89
関東大震災　114
管理部門　70
記憶価値　120
企画展示　13, 47, 132, 136
儀式　4
疑似ホログラム　63
記念物　119
器物破損罪　7
基本計画　54
基本構想　54
客観的側面　122
キャプション　52
キャラクター　13, 52
休館日　4
キュレーション　19, 47, 53, 102, 122
教育学　29
教育博物館　114
教育普及活動　88, 135, 142
驚愕の部屋　83
競争的資金　76
協力校・パートナーズプログラム　40
魚類標本　32
記録価値　8, 123
宮内省博物館　113
クラウドファンディング　77
グローバル化　71
燻蒸　92
経営組織　67
景観　123
経験　140
経済的価値　123
芸術的価値　119
警備員　2
公益財団法人日本植物園協会　69
公益財団法人日本動物園水族館協会　69
公共の利益　9
航空博物館　45
工芸院　108
公的資金　65
高度経済成長時代　65
鉱物標本　32
交流職員　135
国際電気博覧会　111

国立アメリカ歴史博物館　111
国立科学博物館　67, 76, 101, 105, 112, 114, 125
国立航空宇宙博物館　111
骨格標本　49, 90
コレクションポリシー　130
梱包　49

さ行

サイエンスコミュニケーション　28, 29, 78, 80, 133
サイエンスショー　80
サイエンスセンター　46
採集場所　88
サウス・ケンジントン博物館　109
さく葉標本　90
殺菌処理　97
佐野常民　113
産業技術史資料情報センター　129
ジオラマ　110
自然観察　137
自然史系博物館　17, 22, 30, 75, 134, 146
時代背景　53
湿度　94
実物資料　58
指定施設　69
児童館　46
GBIF　105
シミュレーション　45
市民科学／シチズンサイエンス　78, 106
市民参加型　48, 78
使命　66
社会教育調査　44
社会教育法　37
社会連携　106
ジャック・ヴァカンソン　109
ジャパンリサーチ　107
蒐集　11, 84
収蔵庫　59, 88, 91, 97
収蔵品の永続性　34
ジュームス・スミソン　111
主観的側面　122
取材　48
樹脂含浸標本（プラスティネーション）　91
樹脂封入標本　91
ジュニア学芸員育成事業　138
生涯学習　37, 117
使用価値　120
照度計　53
樟脳　96
照明　50
昭和記念筑波研究資料館　126
職業規範　72
職業倫理規程　33, 71
殖産興業　113
植物標本　32
除湿器　97
所有権　12
資料情報　74
人工物　75
真正性　86
信頼　5
ストランスキー, Z. Z.　122
図録　51
脆弱性　7
生態資料　32
世界目録　86
設営　52
設計　50, 54
窃盗　2
絶滅危惧種　32, 83
全国科学館協議会　69
全国科学博物館協議会　69
全日本博物館学会　79
総合博物館　46, 113
組織化　18

た行

大学パートナーシップ　128
体系化　18
タイプ標本　75
対話　39
田中不二麿　114
田中芳男　113
棚橋源太郎　114
ダビット・モルレー　114
地域資源　81
地域収集資料　135
知的財産推進計画　104
知的資源　67, 78
中期目標　66
調査研究　27, 29, 72, 74, 126, 138
著作権　12, 101
地理的情報　88
通信総合博物館　46
通俗教育　114
筑波実験植物園　126
帝国博物館　113

デジタルアーカイブ　28, 100
デジタルアーカイブ化　31, 131
デジタルアーカイブ憲章　149, 151
デジタルアーカイブのための長期保存ガイドライン　103
デジタル遺産の保護に関する憲章　148, 151
デジタルキュレーション　102
デジタル形式を含む記録遺産の保護及びアクセスに関する勧告　151
デジタル保存　102
データベース化　36
展示解説書　52
展示学　29
展示価値　121
電磁気記録　99
展示ケース　50, 98
ドイツ博物館　110
東京科学博物館　114, 116
東京教育博物館　114, 125
東京国立博物館　113, 125
東京帝室博物館　113, 125
盗難　2
動物標本　32
登録博物館　69, 74
特別展示　47
独立行政法人法　125

な行

名古屋市科学館　117
ナショナルコレクション　67, 126, 130
日常管理　94
日本科学技術振興財団　117
日本科学未来館　112
日本展示学会　79
日本ミュージアム・マネージメント学会　79
年間累積照度　95

は行

廃棄　34
剥ぎ取り標本　91
剥製標本　90
博物館化　119
博物館実習　140
博物館実践学　24
博物館性　124
博物館の分類　22, 44, 108
博物館法　19, 27, 38, 63, 74, 99, 140
博物館行き　23
博物館類似施設　69, 74
博物館論理学　24
曝涼　96
発見の宮殿　112
パブリックドメイン　101
パリ科学アカデミー　109
ハンズオン展示　3
VR（仮想現実）　21
非営利的常設機関　8, 12
比較　35
微気候　98
ビクトリア・アンド・アルバート博物館　110
美術輸送　49
ピータ・ファン・メンシュ　122
評価額　49
標本　30, 67, 75, 82, 83, 88, 99
標本学　88
標本化　131
標本資料センター　129
フィールド　48
復元　45, 53, 62, 75, 82, 90
不思議の部屋　83
プレパラート標本　91
プロジェクションマッピング　63
文化観光　38
文化財保存修復学会　79
文化の多様性　20
文献調査　48
分子生物多様性研究資料センター　126, 129
文脈（ストーリー）　26, 56, 123
分野横断型　136
ヘンリー・コール　110
ボールペン　10
保存環境　94
保存理念　93
ボランティア制度　133

ま行

埋蔵品　9
町田久成　113
ミュージアムショップ　10
ミュージアムパーク茨城県自然博物館　13, 134
ミュージアリア　124
メタデータ　100
メディアシオン（媒介作用）　85
模型資料　58
文部省博物館　113

や行
野外博物館　121
湯島聖堂　113
輸送　5, 49
用途変更　122
予防保存　96

ら行
来館者研究　26
来館者対応　140
ライト兄弟　112
来歴　71, 93
ラベル　52
ランニングテスト　55, 57
理工系博物館　17, 22, 30, 42, 44, 53, 61, 75, 112, 140, 145
歴史的価値　4, 119
歴史の連続性　18
劣化要因　93
レプリカ（模造品）　6, 10, 48

わ行
YS-11　43
ワークショップ　21

[編著者]
水嶋　英治（みずしま　えいじ）　［18の疑問・序・２章・６章５節・８章３節・11章・特論２］
長崎歴史文化博物館館長，前筑波大学教授。博士（世界遺産学）。主な編著『Dictionnaire de muséologie』ICOM, ARMAND COLIN 社（2022），『展示の美学』東京堂出版（2023）。訳書『博物館学・美術館学・文化遺産学基礎概念事典』東京堂出版（2022）ほか多数。

小川　義和（おがわ　よしかず）　［１・６・７章・12章１節］
立正大学地球環境科学部教授，埼玉県立川の博物館館長，国立科学博物館名誉館員，国立科学博物館経営計画室長，学習課長，自然教育園長などを経て現職。博士（教育学），日本ミュージアム・マネージメント学会会長，日本科学教育学会顧問，編著『発信する博物館』ジダイ社（2021），共著『Diversity, Dialogue and Collaboration in an Age of Migrations,』Edited by Viv Golding and Jen Walklate Cambridge Scholars Publishing（2019）など。

中村　　隆（なかむら　たかし）　［４章・５章２節・13章・特論１・３］
公益財団法人日本科学技術振興財団・科学技術館学芸員。展示の企画，教育プログラムの開発・実践，展示・教育手法の調査研究などに従事。博士（工学）。著書『デジタルアーカイブの資料基盤と開発技法』共著，晃洋書房（2016）など。

[著　者]
加藤　謙一（かとう　けんいち）　［３章］
金沢学院大学芸術学部准教授。修士（文学）。国立民族学博物館，長崎歴史文化博物館，金沢美術工芸大学美術工芸研究所を経て現職。専門は博物館資源の社会還元論。主な論文は「ミュージアムコレクションをめぐる保存と活用の越境的実践に関する試論〜収蔵展示の展示手法と導入動機への分析を通じて」『日本ミュージアム・マネージメント学会研究紀要』27（2023）など。

鵜沢美穂子（うざわ　みほこ）　［５章１節，８章１節，12章２節，特論３］
ミュージアムパーク茨城県自然博物館主任学芸員。東京大学大学院修了後，2010年より現職。専門はコケ植物の形態学。著書『見る目が変わる博物館の楽しみ方：生物・鉱物・考古学を学ぶ』共著，ベレ出版（2016），『あなたの　あしもと　コケの森』文一総合出版（2021）など。

佐々木淑美（ささき　じゅに）　［８章２節］
九州大学人間環境学研究院学術協力研究員。博士（世界遺産学）。
専門は保存科学，世界遺産学で，2010年から現在まで，調査代表としてトルコのハギア・ソフィア大聖堂保存総合調査を実施している。著書『文化財のための三次元計測』共著，千倉書房（2010）など。

西川　　開（にしかわ　かい）　［９章］
筑波大学図書館情報メディア系助教。博士（図書館情報学）。専門は知識コモンズ，科学計量学。主な著書『知識コモンズとは何か：パブリックドメインからコミュニティ・ガバナンスへ』勁草書房（2023），『ビジュアル博物館学 Basic』〈ミュージアム ABC シリーズ〉共著，人言洞（2022）など。

馬渕　浩一（まぶち　こういち）　［10章］
元名古屋市科学館主任学芸員。名古屋大学大学院教育発達科学研究科附属生涯学習・キャリア教育研究センター研究員。名古屋工業大学大学院，立命館大学，放送大学非常勤講師。博士（工学）。専門は博物館史，技術史。著書『日本工業博物館史の研究』大空社出版（2023）。

ビジュアル博物館学 Curation ミュージアムＡＢＣシリーズ

2025年４月15日　第１版第１刷発行

編　著　水嶋　英治
　　　　小川　義和
　　　　中村　　隆

発行者　二村　和樹
発行所　人言洞　合同会社　〈NingenDo LLC〉
〒234-0052　神奈川県横浜市港南区笹下6-5-3
電話　045（352）8675 ㈹
FAX　045（352）8685
https://www.ningendo.net

印刷所　亜細亜印刷株式会社

定価はカバーに表示してあります。
乱丁・落丁の場合は小社にてお取替えします。

ISBN 978-4-910917-09-2